antonio gramsci

odeio os indiferentes

escritos de 1917

seleção, tradução e aparato crítico
de daniela mussi e alvaro bianchi

© Boitempo, 2020

Direção-geral Ivana Jinkings
Edição Isabella Marcatti
Coordenação de produção Livia Campos
Assistência editorial Pedro Davoglio e Carolina Mercês
Seleção, tradução e aparato crítico Daniela Mussi e Alvaro Bianchi
Preparação Mariana Zanini
Revisão Livia Campos
Capa Maikon Nery
Diagramação Antonio Kehl
Assistência de produção Camila Lie Nakazone

Equipe de apoio Artur Renzo, Débora Rodrigues, Dharla Soares, Elaine Ramos, Frederico Indiani, Heleni Andrade, Higor Alves, Ivam Oliveira, Kim Doria, Luciana Capelli, Marina Valeriano, Marissol Robles, Marlene Baptista, Maurício Barbosa, Raí Alves, Talita Lima, Thais Rimkus, Tulio Candiotto

CIP-BRASIL. CATALOGAÇÃO NA PUBLICAÇÃO
SINDICATO NACIONAL DOS EDITORES DE LIVROS, RJ

G773o

    Gramsci, Antonio, 1891-1937
    Odeio os indiferentes : escritos de 1917 / Antonio Gramsci ; seleção, tradução e aparato crítico Daniela Mussi, Alvaro Bianchi. - 1. ed. - São Paulo : Boitempo, 2020.
    120 p. (Escritos Gramscianos)

    Cronologia da vida e da obra de Gramsci
    ISBN 978-85-7559-767-5

    1. Filosofia marxista. 2. Ciência política - Filosofia. I. Mussi, Daniela. II. Bianchi, Alvaro. III. Título. IV. Série.

20-63820

CDD: 335.4
CDU: 141.82

Leandra Felix da Cruz Candido - Bibliotecária - CRB-7/6135

É vedada a reprodução de qualquer parte deste livro sem a expressa autorização da editora.

1ª edição: junho de 2020; 1ª reimpressão: setembro de 2020; 2ª reimpressão: maio de 2021; 3ª reimpressão: abril de 2023

BOITEMPO
Jinkings Editores Associados Ltda.
Rua Pereira Leite, 373
05442-000 São Paulo SP
Tel.: (11) 3875-7250 | 3875-7285
editor@boitempoeditorial.com.br
boitempoeditorial.com.br | blogdaboitempo.com.br
facebook.com/boitempo | twitter.com/editoraboitempo
youtube.com/tvboitempo | instagram.com/boitempo

SUMÁRIO

Sobre a coleção Escritos Gramscianos, 6

Apresentação, *Daniela Mussi e Alvaro Bianchi*, 7

Sobre a tradução , 17

1. A cidade futura, 19

2. Três princípios, três ordens , 21

3. Indiferentes, 31

4. Disciplina e liberdade, 34

5. Analfabetismo, 35

6. A disciplina, 37

7. Os monges de Pascal, 39

8. Caráter, 44

9. Morgari na Rússia, 49

10. Notas sobre a Revolução Russa, 53

11. Os maximalistas russos , 59

12. O relojoeiro, 63

13. A tarefa da Revolução Russa , 67

14. Analogias e metáforas , 72

15. A Rússia é socialista, 75

16. O socialismo e a Itália, 77

17. Kiérienski-Tchernov, 82

18. A situação política na Rússia, 85

19. A revolução contra *O capital, 87*

20. Intransigência-tolerância, intolerância-transigência, 92

21. Por uma Associação de cultura, 96

Cronologia – vida e obra, 101

SOBRE A COLEÇÃO ESCRITOS GRAMSCIANOS

Conselho editorial: Alvaro Bianchi, Daniela Mussi, Gianni Fresu, Guido Liguori, Marcos del Roio, Virgínia Fontes

Com *Odeio os indiferentes*, coletânea inédita de artigos do jovem jornalista socialista publicados em 1917, inauguramos a coleção Escritos Gramscianos, que se propõe a reunir, sob diversos temas e formatos, os textos desse originalíssimo pensador marxista. Nosso objetivo é divulgar, com o devido cuidado editorial, uma voz que as forças retrógradas tentaram calar muito cedo e que, no entanto, repercute através dos tempos e tem muito a dizer para as atuais e futuras gerações.

APRESENTAÇÃO

Daniela Mussi e Alvaro Bianchi

Esta coletânea percorre os artigos de Antonio Gramsci sobre o socialismo e a revolução ao longo do dramático e especialíssimo ano de 1917. Durante todo o ano anterior, o jovem jornalista sardo acompanhara o debate aberto na seção piemontesa do seu Partido Socialista Italiano (Partido Socialista Italiano, PSI) a respeito da fundação de um novo jornal socialista em Turim, onde residia. O periódico deveria ser um "foco de entusiasmo", "a voz do partido que a cada dia alcançará espíritos novos, energias novas". Dessa discussão participavam muitos de seus companheiros mais próximos, jovens socialistas como Gramsci, em oposição às opiniões mais oficiais de dirigentes do PSI que viam na iniciativa a ameaça da perda de controle do partido sobre sua imprensa. Para o jovem jornalista, rejeitar a criação de um jornal era o mesmo que negar que o partido socialista estivesse diante de uma reviravolta mais ampla na sociedade italiana, produzida pelos efeitos nefastos da guerra europeia[1].

Quando o ano de 1917 se inicia, é possível ver Gramsci como alguém bastante alheio às disputas internas do partido e mais voltado à vida cultural da seção socialista em Turim, onde ministrava conferências. Apesar disso, em sua atuação como jornalista, Gramsci demonstrava interesse crescente pelos debates partidários, especialmente no

---

[1] Como se referiam à Primeira Guerra Mundial naquele momento.

8 | Odeio os indiferentes

combate ao economicismo e ao burocratismo que consumiam o PSI e colocavam seus dirigentes em um labirinto sem saída. A criação de um periódico era vista como uma forma de avançar na elaboração de uma "ideia geral" alternativa, de uma disciplina verdadeira capaz de organizar os socialistas.

Esse projeto daria seu primeiro passo nas páginas do opúsculo *La Città Futura* [A cidade futura], publicado em fevereiro de 1917 como jornal de número único com base na orientação do comitê regional piemontês da Federação Juvenil Socialista. *La Città Futura* foi inteiramente escrito por Gramsci levando em conta as necessidades dos trabalhadores e da juventude de Turim no contexto da guerra e as possibilidades de uma alternativa socialista para tal. Além disso, é possível perceber a preocupação de Gramsci em tratar do ambiente intelectual como fragmentado entre uma cultura acadêmica fortemente positivista, por um lado, e o avanço das teorias da "crise do marxismo" pelos intelectuais antipositivistas, por outro. Em meio a esse dualismo, existiria espaço para uma elaboração socialista criativa?

La Città Futura pretendia convidar os jovens a enfrentar esse desafio, a um ato de "independência e liberação" por meio do engajamento no movimento socialista, ao mesmo tempo que não negava a importância de pensar sobre os limites nos quais o socialismo italiano esbarrava. "O futuro é dos jovens. A história é dos jovens" – com essas palavras, Gramsci abriu a publicação projetando um novo ambiente, no qual pudessem se combinar "energia" e "inteligência", resultando na "mais perfeita e frutífera afirmação" de um movimento socialista renovado. A alternativa à "morte do socialismo" – expressão do filósofo Benedetto Croce – seria reencontrar uma finalidade para a organização socialista. Era preciso converter a situação defensiva na qual se encontrava o socialismo em uma oportunidade de atrair e organizar os jovens para o bom combate.

Gramsci acreditava na eficácia da luta cultural coletiva e popular como forma de conquista de uma nova personalidade e cidadania. Seus artigos do início de 1917 enfatizam a vontade como ponto de partida para a descoberta dessa personalidade, bem como a rejeição de qualquer visão "determinista" da ação que reduzisse o movimento socialista a uma atitude de passividade. No processo da busca pela verdade, a existência de modelos abstratos seria útil desde que estes não fossem tomados em termos absolutos. O esquema não poderia substituir o movimento concreto, vivo, do pensamento.

A crise do socialismo, que se manifestava na deserção de muitos intelectuais desse projeto coletivo, poderia ser explicada de duas formas: por um lado, como crise mais geral de todos os "ismos" (positivismo, futurismo, nacionalismo etc.), concepções engajadas com as quais os intelectuais mantinham relação de exterioridade; por outro, como crise específica do socialismo, acusado de ser uma "visão livresca da vida" na qual a incrustação positivista teria produzido uma leitura eternamente fatalista dos acontecimentos ou da "avalanche" observada sempre à distância pelo partido.

Na opinião de Gramsci, a crise do socialismo italiano era um fenômeno complexo, surgido no contexto de desdobramento de um processo de unificação nacional difícil, no qual os socialistas não haviam conquistado o prestígio político e cultural necessário e sofriam com a debandada intelectual. Com a crise singular, o socialismo italiano revelava sua incapacidade de entender a "avalanche" de acontecimentos que, com a guerra, assumia proporções catastróficas. Entre os dirigentes socialistas, particularmente em Turim mas não apenas, tanto a crise política como a humana eram pensadas de maneira abstrata, por meio de uma lógica determinista afirmada como "científica". Diante da crise dos intelectuais e da derrota do mito socialista – concluía o autor –, a única saída possível viria da renovação interna do proletariado.

A expansão do proletariado e do movimento socialista em vários países durante a guerra era, para Gramsci, um claro sinal do potencial de renovação da vida popular e, também, de intensificação de sua consciência – o que permitiria o surgimento de uma visão diferente das coisas. Essa novidade seria capaz de fazer com que os indivíduos se sentissem "partícipes de algo grandioso que está amadurecendo em cada nação, cada partido, cada seção, cada grupo"[2]. Para ele, a ideia de igualdade – e não a de nacionalidade – possibilitaria aos jovens essa renovação, sendo Turim um laboratório do "surgimento de uma nova geração livre, sem preconceitos, que romperá a tradição"[3].

As "vontades" de Gramsci começavam a entrar em rota de colisão com o socialismo oficial do partido, cujo núcleo substancial se personificava na figura política de Claudio Treves[4]. Para Gramsci, o PSI havia assumido uma posição cômoda diante da vida política do país desde 1914, com a fórmula da neutralidade absoluta em relação à guerra e com o predomínio no partido do absenteísmo político de tipo reformista. No combate a essa posição, Gramsci lançou mão de referências renegadas pela tradição teórica do socialismo italiano

---

[2] Antonio Gramsci, *Scritti (1910-1926), v. 2: 1917* (org. Leonardo Rapone, Roma, Istituto della Enciclopedia Italiana, 2015), p. 106.

[3] Ibidem, p. 111.

[4] Claudio Treves (1869-1933) era advogado e jornalista em Turim, além de um importante dirigente socialista, figura central na revista *Critica Sociale* e líder da posição neutralista no PSI. Em 1915, no calor das discussões sobre a participação da Itália na guerra, depois de uma troca de acusações e insultos, chegou a realizar um duelo com Benito Mussolini; ambos se feriram, mas sobreviveram.

e internacional, recorrendo, em especial, ao pensamento antipositivista que se inspirava em Benedetto Croce e colocava a cultura no centro dos impasses políticos. O uso dessas referências recebeu críticas dentro do partido, mesmo entre os jovens: Gramsci foi acusado de "intelectualismo" e de ter elaborado "um jornal para iniciados", "dificilmente compreendido pelos leitores proletários". Então começaram a chegar as notícias da Revolução Russa.

Nos primeiros meses após a chamada Revolução de Fevereiro, as notícias ainda eram escassas na Itália. Limitavam-se, em grande parte, à reprodução de artigos publicados pelos jornais de Londres e Paris. Para suprir os socialistas italianos de informações confiáveis, a direção do PSI encaminhou um telegrama ao deputado Oddino Morgari, que se encontrava em Haia, pedindo-lhe que fosse até Petrogrado e entrasse em contato com os revolucionários russos. A viagem fracassou, e Morgari retornou à Itália em julho. Apesar disso, o *Avanti!* [Avante!] publicou uma nota sobre a viagem do deputado, chamado de "o embaixador vermelho". O entusiasmo era visível. Os primeiros textos de Gramsci sobre a revolução são explícitos neste sentido: da necessidade de consonância imediata entre as tarefas dos italianos e os acontecimentos russos. A revolução no Leste havia, de fato, convulsionado completamente as relações internacionais.

Nas semanas que se passaram, Gramsci avançou e complexificou sua opinião sobre os eventos na Rússia. No final de abril, publicou suas "notas" sobre a revolução e, na contracorrente das interpretações que pululavam nos jornais a respeito de uma revolução "jacobina", interpretou-a como um "ato proletário" que necessariamente conduziria ao socialismo. Para Gramsci, nessa época, o jacobinismo era um fenômeno puramente burguês destinado a realizar os interesses particulares da burguesia. Como ato proletário, ao contrário, a Revolução Russa distanciava-se daquela que havia tido lugar na França no final do século XVIII.

Além de interpretar os acontecimentos de Petrogrado, o que Gramsci expunha era um programa, um devir que deveria operar como farol. Para continuarem avançando à frente de uma revolução operária, os socialistas russos deveriam romper definitivamente com qualquer referência burguesa ao lidar com o fim da guerra e o futuro. O mesmo deveria acontecer na Itália. Aos poucos, Gramsci alinhou-se politicamente com os bolcheviques, os quais chamava, nesse momento, de "maximalistas". Seu alinhamento expressava, também, a posição que ocupava no PSI, identificando-se com suas frações mais radicais e contrárias à guerra. Em julho, expressou esse apoio aos partidários de Lênin, os quais considerava "a continuidade da revolução", "o ritmo da revolução", "a própria revolução".

Gramsci insistia que a revolução não poderia se deter. Ela deveria afirmar seu caráter ininterrupto e superar o mundo burguês. Em agosto, chegou uma delegação russa representando os sovietes, da qual faziam parte Josif Goldenberg e Aleksandr Smirnov. A viagem havia sido autorizada pelo governo italiano, que desejava a permanência da Rússia na guerra. A visita dos delegados russos era também a possibilidade de realização de uma manifestação política aberta, que foi aproveitada pelos socialistas italianos. Depois de passar por Roma, Florença, Bolonha e Milão, a delegação voltou a Turim. Na frente da Casa del Popolo[5], 40 mil pessoas saudaram a Revolução Russa na primeira manifestação pública desde o início da guerra. Em seu relato jornalístico, Gramsci falou do "espetáculo

---

[5] Situada em Turim, *corso* Siccardi, n. 12, a Casa del Popolo era a sede do PSI e da Camara del Lavoro [Câmara do Trabalho].

das forças proletárias e socialistas em solidariedade à Rússia revolucionária". Poucos dias depois, esse espetáculo tomaria novamente as ruas de Turim.

Na manhã do dia 22 de agosto de 1917, não havia mais pão em Turim, resultado de uma longa crise de abastecimento provocada pela guerra. Ao meio-dia, os operários começaram a parar as fábricas da cidade. Às cinco da tarde, quase todas as fábricas estavam paradas e uma multidão começou a marchar pelas ruas; logo depois começaram os saques às padarias e armazéns. A rebelião espontânea se alastrou, e uma greve que não havia sido decretada por ninguém parou a cidade. O restabelecimento do fornecimento do pão não deteve o movimento, que assumiu um caráter político.

Na tarde do dia 23, o poder público na cidade foi transferido ao Exército, que assumiu o controle no centro de Turim. Os saques continuaram e surgiram barricadas na periferia da cidade. No Borgo San Paolo os manifestantes saquearam e incendiaram a igreja de San Bernardino. A polícia reagiu e abriu fogo contra a multidão. Os conflitos se intensificaram ao longo do dia 24. Pela manhã, os manifestantes tentaram, sem sucesso, chegar ao centro. Poucas horas depois, começou a contraofensiva da repressão, que abriu fogo com metralhadoras e carros blindados. Ao final do dia, havia 24 mortos e mais de 1.500 operários presos. A greve continuaria na manhã do dia seguinte, mas as barricadas foram levantadas. Logo depois, começaram as prisões de dirigentes socialistas, 24 ao todo. O movimento chegava, assim, a seu fim.

O jornal *Il Grido del Popolo* [O grito do povo] não circulou nesses dias. Retomaria suas atividades no dia 1º de setembro, agora sob a direção de Antonio Gramsci, em substituição a Maria Giudice, que havia sido presa. A censura não permitia referências à insurreição.

Mas Gramsci aproveitou a ocasião para fazer uma pequena referência a Lênin: "Kiérienski representa a fatalidade histórica, certamente Lênin representa o devir socialista, e nós estamos com ele, com todo o nosso entusiasmo". Era uma referência às jornadas de julho na Rússia e à perseguição aos bolcheviques que se seguiu, obrigando Lênin a refugiar-se na Finlândia. Poucos dias depois, em 15 de setembro de 1917, quando as tropas lideradas pelo general Lavr Kornílov marchavam em direção a Petrogrado para restabelecer a ordem, Gramsci referiu-se, mais uma vez, àquela "revolução que se desenvolveu nas consciências". E em 29 de setembro definiu Lênin, novamente, como "o agitador de consciências, o despertador de almas dormentes".

Enquanto isso, a situação política na Itália se agravava. Depois da derrota do exército italiano na Batalha de Caporetto, em 12 de novembro a fração parlamentar do PSI, liderada por Filippo Turati e Claudio Treves, assumiu uma atitude nacionalista e passou a advogar a defesa da pátria, distanciando-se do neutralismo dos anos precedentes. Nas páginas de *Critica Sociale*, Turati e Treves publicaram o artigo no qual afirmavam a necessidade de o proletariado defender a pátria na hora do perigo.

A fração intransigente-revolucionária do PSI também se organizava para fazer frente à nova situação. Nos primeiros dias de novembro, dirigentes do grupo convocam uma reunião secreta em Florença para discutir "a orientação futura de nosso partido". Gramsci, que havia começado a assumir funções importantes na seção local do partido, participou do encontro como representante. Na reunião, o diretor de *Il Grido del Popolo* alinhou-se com aqueles que, como Amadeo Bordiga, achavam necessário agir, enquanto Giacinto Menotti Serrati e outros se pronunciaram pela manutenção da antiga tática neutralista. A reunião terminou com a reafirmação dos princípios do internacionalismo revolucionário e da oposição à guerra, mas sem nenhuma orientação a respeito do que fazer.

Gramsci interpretava os acontecimentos de agosto em Turim à luz da Revolução Russa. Retornou, então, convencido de que era o momento de agir. E foi animado por esse otimismo da vontade que escreveu mais uma vez a respeito dos acontecimentos na Rússia. Em artigo redigido poucas semanas depois da conquista do poder pelos bolcheviques, falou sobre uma revolução que contrariava os "fatos", inclusive aqueles contidos em *O capital* de Karl Marx. Na Rússia, aliás, esse era "o livro dos burgueses, mais do que dos operários". Gramsci referia-se àquele *Prefácio de 1867* no qual o pensador alemão afirmava que as nações com maior desenvolvimento capitalista mostravam o caminho a ser percorrido pelas demais e que "fases naturais" não poderiam ser saltadas. Com base nesse texto, os mencheviques haviam formulado na Rússia uma leitura do desenvolvimento social para defender a necessidade de formação de uma burguesia e de constituição de uma sociedade industrial plenamente desenvolvida antes que o socialismo fosse possível. Mas os bolcheviques, segundo Gramsci, "não são marxistas", embora não reneguem "o pensamento imanente, vivificador" de Marx.

A previsão de Marx sobre o desenvolvimento do capitalismo exposta em *O capital* seria correta para situações de desenvolvimento normal, no qual a formação de uma "vontade coletiva popular" ocorreria atravessando "uma longa série de experiências de classe". Mas a guerra havia acelerado os tempos, e em três anos os trabalhadores russos haviam vivenciado intensamente essas experiências. A vontade coletiva popular daí resultante se convertera em terreno de ação e organização socialistas, permitindo aos trabalhadores russos, em uma situação excepcional, experimentar a história do proletariado em um instante, conhecer os esforços de seus antepassados para emancipar-se e formar "uma consciência nova". Gramsci reconhecia em Lênin e nos bolcheviques a personificação desse programa da revolução ininterrupta. Uma revolução que queria ver também na Itália.

No longo ano de 1917, entre o peso das determinações "marxistas", positivistas e do fatalismo socialista, bem como da pura vontade neoidealista e da dispersão desorganizada das inteligências por ela encantadas, vemos Gramsci emergir do lugar de jornalista socialista de Turim para se tornar analista do destino de milhões de pessoas. Um pensamento que se desdobra marcado pela necessidade de subverter as noções de cultura e revolução, tradição e novidade, continuidade e ruptura. Uma subversão nascida da necessidade de levar a sério a política como saga das grandes maiorias.

SOBRE A TRADUÇÃO

Esta edição reproduz 21 dos 289 artigos publicados por Antonio Gramsci no ano de 1917. Dez deles são inéditos em português. A tradução tomou como base sempre a primeira versão publicada na imprensa socialista da época. Entre colchetes ([ ]) são indicadas as supressões do texto por parte da censura, quando da publicação original.

O aparato crítico, que leva em conta as pesquisas realizadas para as edições organizadas por Sergio Caprioglio e Leonardo Rapone, foi redigido especialmente para o público brasileiro. Sempre que possível, quando feitas referências a outros livros e autores nas notas, procurou-se identificar e utilizar as edições às quais Gramsci provavelmente teve acesso. As referências aos *Quaderni del carcere* [*Cadernos do cárcere*] no aparato crítico remetem sempre à edição crítica organizada por Valentino Gerratana.

REFERÊNCIAS BIBLIOGRÁFICAS

GRAMSCI, Antonio. *Quaderni del carcere*. Org. Valentino Gerratana. Turim, Einaudi, 1977.

_____. *Cronache torinesi, 1913-1917*. Org. Sergio Caprioglio. Turim, Einaudi, 1980.

_____. *La Città Futura, 1917-1918*. Org. Sergio Caprioglio. Turim, Einaudi, 1982.

_____. *L'Ordine Nuovo, 1919-1920*. Org. Valentino Gerratana e Antonio A. Santucci. Turim, Einaudi, 1987.

_____. *Scritti (1910-1926)*: 1917. Org. Leonardo Rapone, com a colaboração de Maria Luisa Righi e a contribuição de Benedetta Garzarelli. Roma, Istituto della Enciclopedia Italiana, 2015. v. 2.

1. A CIDADE FUTURA[1]

Com esse título sairá daqui a poucos dias um número único, publicado sob a organização da Federação Juvenil do Piemonte. É dedicado, portanto, aos jovens. Quer ser um convite e um incitamento. O futuro é dos jovens. A história é dos jovens. Mas dos jovens que pensam a tarefa que a vida impõe a cada um, que se preocupam em se armar adequadamente para resolvê-la da maneira que melhor convém às suas convicções íntimas, que se preocupam em criar para si aquele ambiente no qual sua energia, inteligência e atividade encontrem o máximo desenvolvimento, a mais perfeita e frutífera afirmação. A guerra ceifou os jovens, tolheu especialmente seus esforços, suas batalhas, seus sonhos esplêndidos de utopia, que então já não eram, pois haviam se tornado estímulo de ação e de realização. Mas a organização juvenil socialista na verdade não sofreu tanto em si e para si. Os milhares de jovens arrancados de suas lutas foram logo substituídos. O fato da guerra sacudiu como ventania os

---

[1] Publicado em *Il Grido del Popolo*, a. XXII, n. 655, 11 fev. 1917, p. 2, e *Avanti!*, a. XXI, n. 43, 12 fev. 1917. *La Città Futura*, nome do encarte, remetia à literatura utopista, principalmente francesa, que entre o fim do século XIX e o início do XX recorreu à expressão para apresentar seus projetos de uma organização social futura. Ver, por exemplo, o romance de Émile Zola, *Travail* (Paris, Fasquelle, 1901; ed. it.: *Lavoro*, Turim, Roux e Viarengo, 1901) [ed. bras.: *O trabalho*, São Paulo, Cia. Brasil, 1956, 2 v.]. De acordo com Gramsci, o projeto do jornal antecedia a eclosão da guerra e tinha por objetivo "lançar uma nova revista de vida socialista que fosse como a chama das novas energias morais, do novo espírito [*uma ou duas palavras censuradas*] e idealista de nossa juventude. Deveria ter sido ímpeto e reflexão, incitamento à ação e ao pensamento" (*La Città Futura*, n. único, 11 fev. 1917, p. 4).

indiferentes, jovens que até ontem não se importavam com tudo o que era solidariedade e disciplina política. Mas não basta, e nunca bastará. É preciso engrossar sempre mais as fileiras e cerrá-las. A organização possui, especialmente, um fim educativo e formativo. É a preparação para a vida mais intensa e plena de responsabilidade do partido. Mas é também a vanguarda, a audácia plena de ardor. Os jovens são como a infantaria ligeira do exército proletário, que assalta a velha cidade trêmula para fazer surgir de sua ruína a própria cidade.

No número único serão discutidos alguns problemas importantes da propaganda e da vida socialista. Será vendido por duas moedas o exemplar. Será enviado a qualquer um que faça o pedido com um cartão-postal selado para a volta. Os círculos e os revendedores que desejarem um número determinado de exemplares podem encomendar à Federação Juvenil Socialista, à rua Siccardi, n. 12, em Turim.

2. TRÊS PRINCÍPIOS, TRÊS ORDENS[1]

"Ordem" e "desordem" são duas palavras frequentes nas polêmicas de caráter político. Partidos da ordem, homens da ordem, ordem pública... Três palavras próximas a um único eixo: a ordem, sobre a qual as palavras se baseiam e deslocam, com maior ou menor aderência a depender da forma histórica concreta que os homens, os partidos e o Estado assumem entre as possibilidades múltiplas de encarnação. A palavra "ordem" possui um poder taumatúrgico; a conservação das instituições políticas é confiada em grande medida a esse poder. A ordem presente se apresenta como qualquer coisa harmoniosamente coordenada, estável; e a multidão de cidadãos hesita e se amedronta na incerteza daquilo que uma mudança radical pode acarretar. O senso comum, o estúpido senso comum, afirma sempre que é melhor o ovo hoje que a galinha amanhã. E o senso comum é um terrível escravo dos espíritos[2]. Até porque para ter a galinha é preciso quebrar a casca do ovo. É formada na fantasia a imagem de algo violentamente lacerado; não se enxerga a ordem nova possível, mais bem organizada que a velha, mais vital que a velha, que ao dualismo contrapõe a unidade, à imobilidade estática da inércia, a dinâmica

---

[1] *La Città Futura*, n. único, 11 fev. 1917, p. 1.

[2] Gramsci desenvolverá sua crítica ao senso comum principalmente no *Quaderno 11* de seus escritos carcerários. Ver Antonio Gramsci, *Quaderni del carcere* (org. Valentino Gerratana, Turim, Einaudi, 1977, de agora em diante citado como Q).

da vida semovente[3]. Apenas a laceração violenta é vista, e o ânimo medroso faz recuar com o temor de perder tudo, de ter diante de si o caos, a desordem inelutável. As profecias utópicas eram constituídas tendo em vista esse medo. Pretendia-se, com a utopia, prospectar uma configuração no futuro que fosse bem coordenada, bem suave, e eliminasse a impressão de salto no escuro. Mas as construções sociais utópicas desmoronaram, pois sendo assim suaves e bem alinhadas, bastava demonstrar como infundada uma particularidade para fazê-las desmantelar em sua totalidade. Essas construções não possuíam base por serem muito analíticas, fundadas em uma infinidade de fatos, e não sob um único princípio moral. Ora os fatos concretos dependem de tantas causas que terminam por não ter causa alguma e por serem imprevisíveis. Para agir, o homem precisa poder, ao menos em parte, prever. Não existe vontade que não seja concreta, ou seja, possua um escopo. Não se concebe vontade coletiva que não possua um escopo universal concreto. Mas esse não pode ser um fato singular, ou uma série de fatos singulares. Pode ser apenas uma ideia ou um princípio moral. O defeito orgânico das utopias está todo aqui. Acreditar que a previsão possa ser previsão de fatos, enquanto essa apenas pode ser de princípios ou máximas jurídicas. As máximas jurídicas (o direito, a jurisprudência e a moralidade implementada) são a criação dos homens como vontade. Se quiserem dar a essas vontades certa direção, coloquem-nas como

---

[3] A expressão "ordem nova" aparece pela primeira vez aqui nos escritos de Gramsci, torna-se comum em seus artigos de 1917 e será a bandeira do grupo de socialistas turinenses que fundará, em 1919, o jornal *L'Ordine Nuovo*. A ideia de ordem nova é recorrente na obra de Niccolò Machiavelli e aparece no capítulo VI de *Il principe* [*O príncipe*]: "E deve-se considerar que não existe coisa mais difícil de tratar, nem de êxito mais duvidoso, nem mais perigosa de lidar, que encabeçar a introdução de novas ordens [*nuovi ordini*]", Nicolau Maquiavel, *O príncipe* (ed. bilíngue, trad. Diogo Pires Aurélio, São Paulo, Editora 34, 2017), p. 123.

escopo daquilo que apenas podem ser; caso contrário, depois de um primeiro entusiasmo, as verá murchar e dissipar.

***

As ordens atuais foram suscitadas pela vontade de implementar totalmente um princípio jurídico. Os revolucionários de 1789 não previam a ordem capitalista. Desejavam implementar os direitos do homem, queriam que determinados direitos fossem reconhecidos aos componentes da coletividade. Direitos que, depois da laceração inicial da velha casca, passaram a se afirmar e se concretizar e, convertidos em força operosa sobre os fatos, os plasmaram e os caracterizaram, fazendo florescer a civilização burguesa, a única possível de emergir porque a burguesia era a única energia social eficaz e realmente operante na história. Os utópicos foram derrotados já aí, pois nenhuma das suas previsões particulares se realizou. Mas foi realizado o princípio e deste floresceram as atuais ordenações, a ordem atual[4].

Era um princípio universal aquele afirmado na história por meio da revolução burguesa? Certamente sim. No entanto, é costume dizer que se J. J. Rousseau soubesse das bocas que assumiram suas pregações, provavelmente as renegaria[5]. Nessa afirmação paradoxal está contida uma crítica implícita do liberalismo. Mas essa é paradoxal, ou seja, afirma de maneira injusta uma coisa justa. Universal não quer dizer absoluto. Na história não existe nada absoluto e rígido. As afirmações do liberalismo são ideias-limite que,

---

[4] Manteve-se aqui a distinção entre ordenações (*ordinamenti*), a qual diz respeito a arranjos jurídicos e/ou constitucionais, e ordem (*ordine*).

[5] A ideia de que Jean-Jacques Rousseau (1712-1778) não poderia ser culpado pelos erros dos jacobinos aparece já no discurso *De la liberté des anciens comparée à celle des modernes* (1819), de Benjamin Constant, publicado em *Écrits politiques* (Paris, Gallimard, 1997), p. 604.

reconhecidas como racionalmente necessárias, se transformaram em ideias-forças, foram realizadas no Estado burguês, serviram para suscitar deste Estado uma antítese no proletariado e se desgastaram. Universais para a burguesia, insuficientes para o proletariado. Para a burguesia eram ideias-limite, para o proletariado são ideias-mínimas. E, de fato, o programa liberal integral tornou-se o programa mínimo do partido socialista. Esse programa realmente serve para viver o dia a dia à espera de considerar chegado o momento mais útil [*uma linha censurada*].

Como ideia-limite, o programa liberal cria o Estado ético, um Estado que idealmente está acima das disputas de classe, dos vários entrelaçamentos e colisões dos agrupamentos que formam a realidade econômica e tradicional[6]. Esse Estado é mais uma aspiração política que uma realidade política, existe apenas como modelo utópico, mas é justamente a sua existência como miragem que o robustece e faz dele uma força de conservação. Na esperança de que finalmente esse Estado se realize em sua completa perfeição, muitos encontraram a força para não renegá-lo, e não buscar, portanto, substituí-lo.

Vejamos dois desses modelos, típicos, que são a pedra de toque para os dissertadores de teorias políticas. O Estado inglês e o alemão. Ambos tornados grandes potências, ambos bem-sucedidos

---

[6] A ideia de Estado ético aparece nos *Grundlinien der Philosophie des Rechts* [*Princípios da filosofia do direito*] de Hegel, no § 257. A primeira tradução para o italiano é de 1863, mas nela A. Novelli traduz *sittlichen Idee* por *Idea dell'costume*, em vez de *idea etica*. Ver G. W. F. Hegel, *Filosofia del Diritto, ossia il diritto di natura e la scienza della politica* (trad. A. Novelli, Nápoles, F. Rossi Romano, 1863), p. 250. A tradução é corrigida na edição de Francesco Massineo para a Laterza: "O Estado é a realidade da ideia ética – o espírito ético, entendido como a vontade substancial, *manifesta*, evidente a si própria, que pensa e se conhece a si mesmo e leva a cabo aquilo que sabe e enquanto sabe", G. W. F. Hegel, *Lineamenti di filosofia del diritto* (org. Francesco Massineo, Bari, Laterza, 1912), p. 212 [ed. bras.: *Filosofia do direito: linhas fundamentais da filosofia do direito ou direito natural e ciência do Estado em compêndio*, trad. Paulo Meneses et al., São Paulo/São Leopoldo, Loyola/Unisinos, 2010].

na sua afirmação, com diretivas diferentes, como organismos políticos e econômicos saudáveis, ambos assumindo uma forma bem definida que os coloca frente a frente hoje e que sempre fez deles Estados inconfundíveis.

A ideia que serviu como motor das forças internas, paralelas, para a Inglaterra pode ser resumida em uma palavra: *liberismo*; para a Alemanha nas palavras: *autoridade com a razão*[7].

***

Liberismo é a fórmula que compreende toda uma história de lutas, de movimentos revolucionários para a conquista de liberdades singulares. É a *forma mentis* criada por meio desses movimentos. É a convicção que se formou em um número cada vez maior de cidadãos que vieram, através dessas lutas, a participar da atividade pública, de que na livre manifestação das próprias convicções, na livre explicação das forças produtivas e legislativas dos países estava o segredo da felicidade. Da felicidade, naturalmente, entendida no sentido que de tudo aquilo que sucede de ruim, não é possível culpar os indivíduos, e de tudo aquilo que não é bem-sucedido é preciso buscar a causa apenas no fato de que os fundadores não possuíam ainda a força para afirmar vitoriosamente o seu programa.

Para a Inglaterra, o *liberismo* encontrou, para citar um exemplo, antes da guerra, o seu defensor teórico-prático em Lloyd George, que, ministro de Estado, em um comício público, e ciente de que as suas palavras adquiriam significado de programa de governo, disse

---

[7] Em italiano distingue-se o *liberismo*, doutrina do livre-comércio, do *liberalismo*, doutrina política. Optou-se aqui pelo neologismo "liberismo" para destacar a distinção. Há precedentes, como na tradução brasileira dos *Quaderni del carcere*. Ver Antonio Gramsci, *Cadernos do cárcere* (trad. Carlos Nelson Coutinho, Marco Aurélio Nogueira e Luiz Sérgio Henriques, Rio de Janeiro, Civilização Brasileira, 1999).

mais ou menos assim aos operários: "Nós não somos socialistas, ou seja, não desejamos alcançar imediatamente a socialização da produção. Mas não temos preconceito teórico contra o socialismo. A cada um sua tarefa. Se a sociedade atual é ainda capitalista, isso quer dizer que o capitalismo ainda é uma força historicamente não exaurida. Vocês, socialistas, dizem que o socialismo está maduro. Provem. Provem que são maioria, provem que não são apenas potencialmente, mas de fato, a força capaz de reger o destino do país. E nós deixaremos o posto pacificamente". Palavras que para nós, habituados a enxergar no governo algo de esfíngico, completamente abstraído do país e de qualquer polêmica viva sobre fatos e ideias, pareciam surpreendentes. Mas não são, e sequer são apenas retórica vazia, se pensarmos que há mais de duzentos anos as lutas políticas se desenvolvem nas ruas da Inglaterra e que o direito à livre manifestação de todas as energias é um direito adquirido, e não um direito natural pressuposto como tal em si e para si. Basta lembrar que o governo radical inglês tomou da Câmara dos Lordes todo direito de veto para realizar a autonomia irlandesa, e que Lloyd George propunha colocar em votação antes da guerra um projeto de lei agrária por meio do qual – assumindo como axioma que quem possui meios de produção e não desfruta deles adequadamente perde seu direito absoluto sobre eles – muitas das propriedades privadas dos ruralistas seriam cedidas a quem desejasse cultivá-las[8]. Essa forma de socialismo de Estado burguês, ou seja, socialismo não socialista,

---

[8] Referências às reformas políticas e sociais promovidas pelo governo liberal inglês do primeiro-ministro Herbert Henry Asquith (1908-1916), durante o qual David Lloyd George (1863-1945) foi o chanceler do Tesouro. O *Parliament Act* de 1911 retirou da Câmara dos Lordes o poder de veto; o *Home Rule*, de 1912, concedeu autonomia à Irlanda; e a *Land Campaign* propôs uma série de medidas tributárias sobre a propriedade fundiária e previa o confisco das terras improdutivas.

fazia com que mesmo o proletariado não visse com maus olhos o Estado como governo e, convencido, errônea ou acertadamente, a ser tutelado, conduzisse a luta de classes com discrição e sem a exasperação moral que caracteriza o movimento operário.

***

A concepção do Estado alemão está no polo oposto da inglesa, mas produz o mesmo efeito. O Estado alemão é protecionista em sua *forma mentis*. Fichte o codificou como Estado fechado. Ou seja, como Estado governado pela razão. Do Estado que não deve ser abandonado à sorte das forças livres e espontâneas dos homens, mas deve, em todas as coisas, em todo ato, imprimir o selo de uma vontade de um programa estabelecido, pré-definido pela razão. Por isso na Alemanha o Parlamento não possui os poderes que possui alhures. É simples ente consultivo, mantido apenas porque racionalmente não é possível admitir a infalibilidade dos poderes executivos, e mesmo do Parlamento, da discussão, pode surgir a verdade. Mas a maioria não possui direito reconhecido à verdade. O árbitro continua a ser o Ministério (o Imperador) que julga e escolhe, e não é substituído senão pela vontade imperial. Mas as classes possuem a convicção, não retórica, não indolente, mas formada em décadas de experiência de administração correta, de testemunhada justiça distributiva, de que os seus direitos à vida são tutelados e de que a sua atividade deve consistir, para os socialistas, em buscar alcançar a maioria e, para os conservadores, em conservar a maioria e demonstrar continuamente sua necessidade histórica. Um exemplo: a votação, aprovada também pelos socialistas, dos bilhões para maiores despesas militares realizada em 1913. A maioria dos socialistas votou favoravelmente aos bilhões porque o orçamento foi antecipado não pelos contribuintes em geral, mas por meio da expropriação (ao menos aparente) de grandes rendas. Pareceu um experimento de socialismo de Estado, pareceu *ser um princípio em si justo* fazer pagar as despesas militares dos capitalistas, e votaram um recurso que beneficiou exclusivamente a burguesia e o partido militar prussiano[9].

Esses dois tipos de ordem constituída são o modelo base dos partidos da ordem da Itália. Os liberais e os nacionalistas dizem (ou diziam), respectivamente, desejar que na Itália fosse criada qualquer coisa similar ao Estado inglês e ao Estado alemão. A polêmica contra o socialismo é toda tecida sobre a aspiração desse Estado ético potencial na Itália. Mas na Itália inexistiu completamente aquele período de desenvolvimento que tornou possível as atuais Alemanha e Inglaterra. Portanto, se levado às últimas consequências o raciocínio dos liberais e dos nacionalistas italianos, o resultado hoje seria esta fórmula: *o sacrifício do proletariado*. Sacrifício das próprias necessidades, sacrifício da própria personalidade, da própria combatividade para dar tempo ao tempo, para permitir que a riqueza se multiplique, para permitir que a administração se purifique [*três linhas censuradas*]. Os nacionalistas e liberais não chegaram ao ponto de afirmar que uma ordem desse tipo exista na Itália. Sustentam que essa ordem existirá contanto que os socialistas não atrapalhem sua fatal instauração.

---

[9] Em março de 1913 a bancada social-democrata no Parlamento alemão votou a favor da proposta orçamentária que aumentava consideravelmente as despesas militares. Para financiar as novas despesas, a proposta criava um imposto extraordinário sobre bens imóveis que atingia fortemente os latifundiários, argumento utilizado pelos sociais-democratas para justificar seu voto. Embora os deputados tenham votado em bloco, a decisão dividiu internamente a bancada, nas reuniões prévias: 57 deputados eram favoráveis ao imposto, 37 contrários e 7 se abstiveram. Ver Carl E. Schorske, *German Social Democracy, 1905-1917: The Development of the Great Schism* (Cambridge, Harvard University Press, 1983), p. 265.

Esse estado de fato das coisas italianas é, para nós, fonte de maior energia e maior combatividade. Se se pensa como é difícil convencer um homem a se mover sem que ele tenha motivos imediatos para fazê-lo, é possível compreender quão mais difícil é convencer uma multidão nos Estados em que não existe no governo, como na Itália, o partido voltado a sufocar suas aspirações e remover de todas as maneiras sua paciência e produtividade. Nos países em que não se desenrolam os conflitos de rua, onde as leis fundamentais do Estado não são pisoteadas, e não é possível ver o arbítrio que domina, a luta de classes perde sua aspereza, o espírito revolucionário perde força e se deprime. A chamada lei do esforço mínimo, que é a lei dos ociosos, e isso quer dizer quase sempre não fazer nada, se populariza. Nesses países a revolução é menos provável. Onde existe uma ordem é mais difícil decidir substituí-la por uma nova ordem [*algumas palavras censuradas*]. Os socialistas não devem substituir uma ordem por outra. Devem instaurar a ordem em si. A máxima jurídica que devem realizar é: *possibilidade de realização integral da própria personalidade humana concedida a todos os cidadãos.* Com a concretização dessa máxima, todos os privilégios constituídos caem. Ela leva ao máximo da liberdade com o mínimo de constrição. Quer que o governo da vida e das atribuições seja a capacidade e a produtividade, exterior a todo esquema tradicional. Que a riqueza não seja instrumento de escravidão, mas sendo de todos impessoalmente dê a todos os meios para todo o bem-estar possível. Que a escola eduque os inteligentes não importa onde nasçam e não represente o prêmio [*quatro linhas censuradas*]. Dessa máxima dependem organicamente todos os outros princípios do programa máximo socialista. Este, repetimos, não é utopia. É universal concreto, pode ser implementado pela vontade. É princípio de ordem, da ordem socialista. A ordem que, acreditamos, será implementada antes na Itália que em todos os outros países. [*Cinco linhas censuradas.*]

3. INDIFERENTES[1]

Odeio os indiferentes. Creio, como Federico Hebbel, que "viver quer dizer tomar partido"[2]. Não podem existir os que são apenas *homens*, estranhos à cidade. Quem vive verdadeiramente não pode não ser cidadão, assumir um lado. Indiferença é apatia, parasitismo, velhacaria, não é vida. Por isso odeio os indiferentes.

A indiferença é o peso morto da história. É a bola de chumbo dos inovadores, é a matéria inerte na qual afundam rapidamente os entusiasmos mais esplêndidos, é o pântano que cerca a velha cidade e a defende melhor que as mais rígidas muralhas, melhor que o peito dos seus guerreiros, porque envolve em seus vórtices lodosos os agressores, dizimando-os e desencorajando-os até que desistam do empreendimento heroico.

A indiferença opera com força na história. Opera passivamente, mas opera. É a fatalidade; é aquilo com o que não se pode contar; é o que interrompe os programas, subverte os melhores planos; é a matéria bruta que se rebela contra a inteligência e a sufoca. O que vem em seguida, o mal que se abate sobre todos, o possível bem que um ato heroico (de valor universal) pode desencadear, não se

---

[1] *La Città Futura*, n. único, 11 fev. 1917, p. 1-2.

[2] A frase se encontra no diário do poeta alemão Friedrich Hebbel (1813-1863), traduzido para o italiano em 1912. Ver Friedrich Hebbel, *Diario: traduzione e introduzione di Scipio Slataper* (Lanciano, R. Carabba, 1912), p. 82. Em 1911, primeiro ano de Gramsci na Universidade de Turim, o professor Arturo Farinelli ministrou um curso sobre Hebbel.

deve tanto à iniciativa operante de poucos, quanto à indiferença, o absenteísmo dos muitos. O que se passa não resulta tanto dos desejos de alguns como da massa dos homens que abdicam de sua vontade, deixam acontecer, permitem o entrelaçamento de nós que posteriormente apenas a espada pode romper, aceitam a promulgação de leis que depois só a revolta pode revogar, deixam subir ao poder homens que apenas os motins poderão derrubar. A fatalidade que parece dominar a história não é senão aparência ilusória da indiferença, do absenteísmo. Os fatos amadurecem na sombra, poucas mãos, não submetidas a qualquer controle, tecem a trama da vida coletiva, e a massa ignora pois não se preocupa. Os destinos de uma época são manipulados segundo visões restritas, interesses imediatos, ambições e paixões pessoais de pequenos grupos ativos, e a massa dos homens ignora pois não se preocupa. Contudo, os fatos amadurecidos dão seus resultados; a trama tecida na sombra alcança seu limite: então a fatalidade oprime tudo e todos, a história se assemelha a um enorme fenômeno natural, uma erupção, um terremoto que a todos vitima, os desejantes e não desejantes, os que sabiam e os que ignoravam, os ativos e os indiferentes. Estes últimos se irritam, gostariam de poder escapar às consequências, deixando claro que não desejavam os fatos e que não são responsáveis por eles. Alguns choramingam piedosamente, outros blasfemam obscenamente, mas nenhum ou poucos se perguntam: "Tivesse eu cumprido meu dever, buscado fazer valer minha vontade, o meu conselho, o curso das coisas teria sido o mesmo?". Nenhum ou poucos assumem a culpa pela própria indiferença, pelo ascetismo, por não terem oferecido os próprios braços e atividade aos grupos de cidadãos que combatiam para evitar aquele mal e conquistar o bem ao qual se propunham.

A maioria, ao contrário, prefere falar de fracassos ideais em vez de reconhecer os acontecimentos alcançados, de programas definitivamente arruinados e de outras amenidades similares. Restituem, assim, a ausência de responsabilidade própria. Não é que não possam ver as coisas de maneira clara, e que não sejam às vezes capazes de prospectar soluções belíssimas para os problemas urgentes ou aqueles que, embora exijam tempo e ampla preparação, urgem. Mas essas soluções permanecem belamente infecundas, essa contribuição para a vida coletiva não é impulsionada por alguma luz moral; é produto de curiosidade intelectual, não de um sentido pungente de responsabilidade histórica que deseja ativar a todos para a vida, que não admite agnosticismos e indiferenças de qualquer tipo.

Odeio os indiferentes também porque me irrita o seu choramingar de eternos inocentes. Pergunto a qualquer um desses como cumpriu a tarefa que a vida propôs e propõe cotidianamente, daquilo que realizou e especialmente daquilo que não realizou. Sinto que posso ser inexorável, que não preciso desperdiçar minha piedade ou compartilhar minhas lágrimas. Sou resistente, vivo, sinto na virilidade da minha consciência pulsar a atividade da cidade futura que estou ajudando a construir. Nela a cadeia social não pesa sobre poucos, cada acontecimento não é devido ao acaso, à fatalidade, mas é obra inteligente dos cidadãos. Não há ninguém na janela contemplando enquanto alguns se sacrificam, se esvaem em sacrifício; aquele que permanece de plantão na janela para aproveitar daquilo que a atividade desses poucos alcança – ou para desafogar a própria desilusão vituperando o sacrificado – desfalece sem conseguir o que pretende.

Vivo, tomo partido. Por isso odeio quem não o faz, odeio os indiferentes.

4. DISCIPLINA E LIBERDADE[1]

Associar-se a um movimento quer dizer assumir uma parte da responsabilidade dos acontecimentos futuros, tornar-se artífice direto desses acontecimentos. Um jovem que se inscreve no movimento juvenil socialista realiza um ato de independência e liberação. Disciplinar-se é tornar-se independente e livre. A água é água pura e livre quando escorre entre as duas margens de um riacho ou de um rio, não quando se espalha de maneira caótica sobre o chão, ou rarefeita paira na atmosfera. Quem não segue uma disciplina política permanece como matéria em estado gasoso, matéria contaminada por elementos estranhos e, por isso, inútil e danosa. A disciplina política faz com que essa sujidade se precipite e oferece ao espírito o seu melhor metal, à vida um escopo, sem o qual não valeria a pena ser vivida. Cada jovem proletário que sente o quão pesado é o fardo de sua escravidão de classe deve realizar o ato inicial de sua liberação e inscrever-se no *Fascio* [Agrupamento] juvenil socialista mais próximo de sua casa.

---

[1] *La Città Futura*, n. único, 11 fev. 1917, p. 2.

5. ANALFABETISMO[1]

Por que na Itália existem ainda tantos analfabetos? Porque na Itália existe muita gente que limita a própria vida ao campanário, à família. Não sentiu a necessidade de aprender a língua italiana porque para a vida comunal e familiar o dialeto basta; porque a vida de relações se exaure inteira na conversa em dialeto. A alfabetização não é uma necessidade, e por isso se torna um suplício, uma imposição de prepotentes. Para fazer com que seja uma necessidade seria preciso que a vida geral fosse mais fervorosa, que envolvesse um número sempre maior de cidadãos, e assim fizesse nascer de maneira autônoma o sentido de necessidade, da necessidade do alfabeto e da língua. A propaganda socialista favoreceu mais a alfabetização que todas as leis sobre o ensino obrigatório. A lei é uma imposição: pode impor a frequência escolar, mas não pode obrigar a aprender e, àqueles que aprendem, a não esquecer. A propaganda socialista desperta imediatamente o sentimento vivo de não ser apenas membro de um pequeno círculo de interesses imediatos (o município e a família), mas cidadão de um mundo mais vasto, com outros cidadãos com os quais é preciso compartilhar ideias, esperanças, dores. A cultura, o alfabeto adquirem assim um propósito, e, enquanto ele perdurar nas consciências, o amor pelo saber será imperativo. É verdade sagrada, da qual os socialistas podem se orgulhar: o analfabetismo

---

[1] *La Città Futura*, n. único, 11 fev. 1917, p. 2.

desaparecerá completamente apenas quando o socialismo o fizer desaparecer, pois o socialismo é o único ideal capaz de converter em cidadãos – no melhor e total sentido da palavra – todos os italianos que ainda hoje vivem apenas dos seus pequenos interesses pessoais, homens nascidos apenas para consumir alimentos.

6. A DISCIPLINA[1]

Em um dos contos do *Livro da selva*, Rudyard Kipling mostra em ato o que é a disciplina de um Estado burguês forte[2]. No Estado burguês, todos obedecem. Das mulas ao sargento da tropa, dos cavalos aos soldados que os montam. Dos soldados ao tenente; dos tenentes aos coronéis dos regimentos; dos regimentos ao general de brigada; das brigadas ao vice-rei das Índias. Do vice-rei à rainha Vitória (ainda viva quando Kipling escreveu o livro)[3]. A rainha dá uma ordem e o vice-rei, os generais, os coronéis, os tenentes, os soldados, os animais, todos se movem harmonicamente em direção à conquista. O espectador ingênuo de uma parada militar ouve do protagonista do romance: "Vocês não sabem fazer o mesmo, então são nossos súditos". A disciplina burguesa é a única força que mantém estável o agregado burguês. À disciplina é preciso opor

---

[1] *La Città Futura*, n. único, 11 fev. 1917, p. 2.

[2] Trata-se de um conto do livro de Rudyard Kipling *The jungle book* (Nova York, Century, 1894). A obra foi publicada em italiano apenas em 1922, com o nome *Il libro della jungla: il figlio dell'uomo* (trad. Angelica Pasolini Rasponi, Turim, Società tipografica-editrice nazionale, 1922). Gramsci havia lido provavelmente a tradução francesa, de 1895, a qual cita em carta a Tatiana Schucht, de 22 de maio de 1933. Ver *Le livre de la jungle* (trad. Louis Fabulet e Robert d'Humières, Paris, Mercure de France, 1895) [ed. bras.: *Os livros da selva: Mowgli e outras histórias*, trad. Julia Romeu, São Paulo, Penguin Companhia, 2015]. Kipling é citado repetidas vezes nos escritos pré-carcerários de Gramsci e uma vez nos *Quaderni del carcere* (*Q* 3, § 146). Sobre o tema, ver Alessandro Carlucci, "Essere superiori all'ambiente in cui si vive, senza perciò disprezzarlo: sull'interesse di Grasmci per Kipling", *Studi Storici* (v. 54, n. 4, 2013), p. 897-914.

[3] O reinado da rainha Vitória se estendeu de 1837 até a morte dela, em 1901.

disciplina. Mas a disciplina burguesa é uma coisa mecânica e autoritária, enquanto a disciplina socialista é autônoma e espontânea. Quem aceita a disciplina socialista deseja declarar-se socialista ou tornar-se socialista de maneira plena, associando-se ao movimento juvenil se for um jovenzinho. Quem é socialista ou pretende sê-lo não obedece: comanda a si mesmo, impõe uma regra de vida aos seus caprichos, às suas veleidades desmedidas. Seria estranho se, ao mesmo tempo que quase sempre se obedece sem reclamar a uma disciplina incompreendida e não sentida, não fosse possível para nós operar segundo uma linha de conduta com cujo traçado e firme coerência contribuímos. Porque este é o caráter das disciplinas autônomas: ser a própria vida, ser pensamento mesmo de quem as observa. A disciplina que o Estado burguês impõe aos cidadãos faz deles súditos que se iludem de poder influir no rumo dos acontecimentos. A disciplina do partido socialista faz do súdito um cidadão: um cidadão por vezes rebelde, que, tendo conquistado consciência de sua personalidade, a sente obstruída, sem poder afirmar-se livremente no mundo.

7. OS MONGES DE PASCAL[1]

Ouvimos falar da conferência que o cidadão Gaspar realizou no cinema Vittoria[2]. Conferência patrocinada pelos socialistas dissidentes de Turim. Fomos, mesmo sabendo de antemão que o cidadão Gaspar nos teria chamado de *sales hommes* e *ordure*[3]. Escutamos pacientemente e estamos prontos para admitir que o cidadão Gaspar é o mais eficaz dos "monges" que a democracia e a maçonaria internacional enviaram para a Itália para converter os infiéis. Mas repetimos com Biagio Pascal: "É mais fácil encontrar os monges que encontrar as boas razões"[4]. Explicamos. Não temos medo do desgosto modesto que as nossas palavras poderão suscitar. Quando aceitamos o programa socialista, tendo antes assimilado as ideias e os princípios, foi preciso realizar uma operação cirúrgica muito dolorosa. Foi preciso extirpar o coração como motivação da ação política e econômica. Que jogue suas pedras a multidão dos bem-pensantes: jogará pedras nos pombos, pois a operação que os socialistas realizaram é a

---

[1] *Avanti!*, a. XXII, n. 57, 26 fev. 1917.

[2] Trata-se da conferência do sindicalista socialista belga Alphonse Gaspar (1880 ca.-196?), em Turim, no dia 25 de fevereiro de 1917. Organizado pelos socialistas dissidentes, que apoiavam a entrada da Itália na guerra contra a Alemanha, o evento contou também com a presença do editor do semanário *Le Peuple Belge*, Vincent Volckaert (1872-1939).

[3] *Sales hommes* [homens sujos] e *ordure* [sujeira], em francês no original.

[4] A citação se encontra na terceira das *Lettres a un provinciale*, de Blaise Pascal. A obra foi traduzida em 1911 para o italiano. Ver *Lettere provinciali* (trad. C. E. Aroldi, Milão, Società Editoriale Milanese, 1911). Gramsci utilizou a mesma passagem nos *Quaderni del carcere* (Q 14, § 6).

consequência lógica do modo com o qual foi imposta a política das classes que até agora se sucedeu na arena das competições.

O cidadão "monge" Gaspar falou, falou muito no pouco tempo desde que chegou à Itália. Qual é o sumo dos seus discursos? Um apelo ao bom coração. Ele diz querer recorrer aos operários, aos proletários. Ele sondou o humor das chamadas personalidades do movimento socialista italiano impondo a elas a seguinte pergunta: "O que devo fazer para poder falar aos trabalhadores italianos?". Ele fez partido do seu drama individual, da tragédia da população do seu país, para impor uma resposta categórica à pergunta. Perturbou, com sua pergunta, algumas consciências e se valeu dessa perturbação para alinhavar um processo e decidir a respeito de uma execução sumária. O cidadão Gaspar transformou essa perturbação do coração diante de um drama sanguinário em uma arma de luta política, e essa perturbação natural pareceu, para a plateia de "dissidentes" que o escutava, uma especulação de dois gumes. O sucesso de seu discurso foi a maior prova do seu erro.

Essas mesmas pessoas teriam negado não apenas o aplauso, mas a estima pessoal por Gaspar se ele tivesse solicitado solidariedade aos proletários belgas rebelados contra o próprio governo diante das atrocidades dos sicários de Leopoldo II no Congo[5]. As autoridades que o foram escutar ontem teriam exigido que fosse escoltado até a fronteira, rodeado de policiais, e depois teriam medido suas características somáticas, como a um malfeitor vulgar.

"É mais fácil encontrar os monges que encontrar as boas razões." O bom coração cria o fanatismo, e o fanatismo move certamente

---

[5] No fim do século XIX, o rei belga Leopoldo II (1835-1909) havia transformado o Congo em uma propriedade pessoal, reconhecida pelas potências europeias na Conferência de Berlim (1884-1885), submetendo o território a uma brutal exploração. As atrocidades belgas foram sistematicamente denunciadas pelo movimento socialista internacional.

montanhas, mesmo que seja uma montanha de despropósitos. Mas o fanatismo não cria o amanhã; o bom coração não cria a realidade; cria os abraços generalizados, cria o confusionismo, cria o *marché de dupes*[6], cria as ilusões com as inevitáveis desilusões. Os socialistas italianos não se prestaram ao jogo. Preferiram conservar integralmente seu caráter de socialistas, acima do bom coração.

O que poderiam fazer pela Bélgica sem perder seu caráter de socialistas? Que coisa poderiam fazer pela Bélgica no âmbito natural da luta de classes? Basta colocar a pergunta para ver como qualquer assalto contra eles é tolo e perverso quando vindo de qualquer um que se considere socialista. Para ver que tal ataque não pode levar a outra saída senão ao ódio indefinido, ao ódio místico contra os infiéis, devido ao medo e à simples razão de que os infiéis não agem ou pensam como se gostaria que agissem e pensassem se fossem como são os demais. É isso que irrita nessas polêmicas vazias. Não a sua existência, mas a sua atitude. Essa falta de compreensão, falta de compreensão recíproca. Esse fingir, em nome de um sucesso superficial, não compreender que é questão de vida ou morte para um socialista ser aquilo que realmente é, manter seu programa intacto e continuar a afirmar integralmente aquilo que é mais precioso em sua vida, o seu caráter específico.

Por não querer compreender que a atividade dos socialistas italianos deve ser discutida e criticada com critérios socialistas – não critérios empíricos, contingentes, alheios ao programa socialista e contraditórios em relação a ele –, e quando a vontade é atacar um partido desejando obter apenas fins ocasionais, prefere-se a maldade estúpida à discussão séria. Para discutir seriamente é preciso compreender o adversário e a suas razões contrapor outras que se

---

[6] *Marché de dupes* [negócio de tolos], em francês no original.

apoiem sobre a mesma linha de vida. Mas é mais fácil encontrar os monges que encontrar as boas razões.

Na conferência de Gaspar e Volckaert estavam presentes, naturalmente, toda a nobreza do mundo burguês local: representantes do município, do Ministério do Interior, da polícia, assim como a seção local dos socialistas dissidentes (?!), os organizadores da manifestação antiproletária, quase por completo. Os dois oradores foram aplaudidos com frequência, sobretudo nos pontos polêmicos contra nosso partido, seus líderes e seu jornal.

Os discursos terminaram fortemente ovacionados, com gritos de viva a Bélgica, abaixo os alemães da Itália (ou seja, nós) etc. Na saída, Gaspar e Volckaert foram novamente aplaudidos. Distante do pequeno grupo de *alemães* que assistiam à conferência, um ardente interventista, até então quieto, lançou um: "Abaixo o *Avanti!*". Seguiu-se uma risada. Os dois oradores, sempre rodeados por muitos dissidentes do socialismo, se dirigiram ao restaurante da estação, onde lhes foi oferecido um almoço.

À tarde, convidados pelo prefeito de Avigliana, o advogado Bonaudo, socialista reformista e dissidente, os dois oradores foram falar aos operários da fábrica de dinamite Nobel. Não enviamos nenhum correspondente ao lugar e não sabemos como foi a acolhida. Dado, contudo, que realizaram seu discurso em francês, será que foram compreendidos?

A *tournée* Gaspar terminou. Terça-feira pela manhã os dois belgas retornaram a Paris. Tiveram muito sucesso na Itália[7]. Mas sucesso *antiproletário*, estritamente *burguês*.

---

[7] Gaspar e Volckaert retornaram à França, onde estavam exilados desde o início da ocupação alemã na Bélgica, no dia 27 de fevereiro de 1917. Gaspar voltou à Itália em junho do mesmo ano para uma nova série de conferências. Gramsci escreveu a respeito mais dois artigos:

Os dissidentes do socialismo renderam largos elogios aos dois oradores. Faltou completamente a adesão tão desejada do proletariado socialista. Volckaert disse que esse é o ponto baixo da sua viagem à Itália. Volckaert o atribui ao excesso de ignorância de nosso partido. Não está na moda isso. Não lhe disseram? Será que ele ignora que o "Pus"[8] morreu, foi sepultado e, com o tempo, esquecido? Que conta menos que zero na política nacional? Por que discutir, polemizar, pedir apoio moral, adesão e solidariedade a associações desse tipo, que, por sua ação constante e irredutível contra a pátria, foram lançadas ao desprezo de todos os homens de bem e dissidentes do socialismo? De verdade, não é possível entender. A adesão incondicional do proletariado dissidente e da burguesia não foram suficientes para anular o... ponto baixo? É difícil, cidadãos Gaspar e Volckaert, mas permanecemos obstinadamente fiéis aos nossos princípios de classe, *jusqu'au bout*[9] e acima da contenda, pela Internacional proletária e pelo socialismo. Isso é tudo e... boa viagem.

"Don Ferrante", *Avanti!*, a. XXI, n. 174, 25 jun. 1917, e "Il cittadino Gaspar scrive...", *Avanti!*, a. XXI, n. 184, 5 jul. 1917.

[8] Os socialistas que defendiam a participação da Itália na guerra designavam o PSI jocosamente desse modo, invertendo as duas últimas iniciais de Partito Socialista ufficiale [Partido Socialista oficial].

[9] *Jusqu'au bout* [até o fim], em francês no original.

8. CARÁTER[1]

Não culpamos nossos adversários por serem adversários do socialismo. Por termos uma consciência exata da nossa personalidade, da tarefa a que nos propusemos, do método por meio do qual buscamos alcançar nossos fins, compreendemos perfeitamente que podem existir tais adversários.

Impressiona que nossos adversários não compreendam que nós podemos e devemos existir. Impressiona que nossos adversários não entendam que nós podemos e devemos possuir uma personalidade, tarefas, fins e métodos que não são os seus. Impressiona, mas não nos incomoda. Essa incompreensão por parte de nossos adversários é a prova de sua deficiência. Eles não compreendem nosso caráter porque não possuem caráter algum. Não compreendem que levamos a sério, que seriamente buscamos alcançar os nossos fins, desenvolver a nossa potência, explicar os nossos métodos, pois eles não são sérios, não possuem fins, nem método, são impotentes.

A sua mentalidade foi formada por meio do transformismo[2]. A vida deles é a vida do dia a dia. Não sabem ver mais além do

---

[1] *Il Grido del Popolo*, a. XXII, n. 658, 3 mar. 1917, p. 1 (assinado Alfa Gamma).

[2] Gramsci havia utilizado a expressão "transformismo" anteriormente nos artigos "Scene della gran via", *Avanti!* (a. XX, n. 228, 17 ago. 1916) e "Contro il feudalismo economico, Voci dalla soffitta", *Il Grido del Popolo* (n. 634, 16 set. 1916). Alguns anos depois da ascensão ao governo da Sinistra, em março de 1876, em um famoso discurso pronunciado em Stradella, Agostino Depretis afirmou: "Se alguém quer entrar em nossas fileiras, se quer aceitar meu modesto programa, se alguém quer se transformar e se tornar um progressista, como posso

fato atual. Mesmo quando são jovens, como coletividade estão envelhecidos. E os velhos não possuem um escopo importante na vida. Pensam apenas em superar, vez após vez, os obstáculos, as armadilhas de seu corpo debilitado. Biologicamente o velho não possui caráter, porque está além da parábola. O velho consome as energias acumuladas na juventude e não pode mais imaginar, não pode mais compreender que exista quem se preocupe, ao contrário, em multiplicar as células e os tecidos do organismo, se preocupe com a saúde do esqueleto, que este não sofra desvios mas permaneça homogêneo, como é aquele de um homem biologicamente perfeito e não uma massa de matéria cartilaginosa, que entra em colapso e se deforma dependendo do impacto das forças externas.

A mentalidade dos nossos adversários é transformista. O primeiro núcleo dos partidos conservadores atuais foi constituído por homens que, no período entre 1860 e 1880, foram convertidos das ideias extremas de então (mazzianismo[3], radicalismo antimonárquico etc.) para as ideias da ordem. Foram convertidos pelo sentimentalismo ou pelo espírito de adaptação. O sentimentalismo

rejeitá-lo?", Agostino Depretis, *Discorso pronunciato dall'onorevole Agostino Depretis, presidente del Consiglio dei Ministri, al banchetto offertogli dai suoi elettori di Stradella il giorno 8 ottobre 1882* (Turim, Stamperia dell'Unione Tipografico-Editrice, 1882), p. 22. O tema da transformação dos partidos retornou nos debates parlamentares de dezembro de 1882 e em janeiro do ano seguinte a expressão "transformismo" apareceu explicitamente pela primeira vez nos debates parlamentares, no discurso do deputado Agostino Bertani de 23 de janeiro de 1883. Ver Camara dei Deputati, *Atti parlamentari: Legislatura XV* (Roma, Tipografia Eredi Botta, 1883), p. 577. Foi, entretanto, a partir de março do ano seguinte que o termo se tornou mais presente no debate público, a partir de um discurso do líder da Destra, Mario Minghetti. Ver "Trasformismo i trasformista", *La Stampa*, 22 mar. 1883, p. 1.

[3] Referência aos partidários de Giuseppe Mazzini (1805-1872), fundador da Giovine Italia [Jovem Itália] e do Partito d'Azione [Partido de Ação], líder no *Risorgimento* italiano da sua ala democrática e republicana.

tornou-se, assim, o princípio político construtivo da vida pública italiana. O sentimentalismo que destrói o caráter, que impede a formação do caráter. Que substitui a vida lógica pela confusão, o distinto pelo indistinto e caótico. Que nega todo programa concreto, porque disposto a modificar-se segundo as contingências de cada caso. Que é disposto a comprimir suas ideias elementares, seus princípios instintivos nos gargalos que os acontecimentos preparam e impõem. Esse comodismo se torna hábito, determina uma maneira especial de pensar. As polêmicas desencadeadas contra o socialismo pela atitude que os socialistas assumiram nos confrontos da guerra são uma consequência disso.

Os nossos adversários não se preocupam em julgar as atitudes dos socialistas com base em seus princípios e nos métodos que os socialistas sempre professaram e seguiram. Fazer isso significaria julgar verdadeiramente, concretamente. Eles nem mesmo tentam tal juízo, são incapazes. Diante dos homens de caráter, perdem a bússola, tateiam no escuro, se perdem em todos os becos sem saída das intrigas, da maledicência, da difamação. Não compreendem um comportamento retilíneo, rigidamente coerente. Estão hipnotizados pelos fatos, pelo presente. Não compreendem o homem de caráter, que julga e pesa os fatos e a atualidade não tanto em si e para si como na concatenação com o passado e com o futuro. Que julga os fatos especialmente por seus efeitos, pela sua eternidade. Eles são, portanto, místicos. E os místicos não podem avaliar, podem apenas bendizer ou odiar.

Mas esta é a força dos socialistas italianos: ter conservado um caráter. Conseguir vencer os sentimentalismos, conter as palpitações como estímulos para a ação e manifestação da vida coletiva. Os socialistas italianos elaboraram, nesse período, a humanidade mais perfeita para os fins da história. A humanidade que não cabe nas armadilhas fáceis da ilusão. A humanidade que renegou, como inúteis e nocivas, as formas inferiores da vida espiritual: o impulso do bom coração e o sentimentalismo. Renegou-as conscientemente porque soube assimilar os ensinamentos de seus maiores mestres e os ensinamentos que se desprendiam espontaneamente da realidade burguesa espremida pela crítica socialista. Os socialistas italianos permaneceram inabaláveis no interior das fileiras determinadas pela existência das classes sociais. Não foram perturbados, como coletividade, pelos espetáculos dolorosos que se apresentavam aos seus olhos. Não foram dispersos, como coletividade, quando foi jogado a seus pés o cadáver ainda palpitante de um menino assassinado. A comoção que cada um experimentou, o aperto no coração, as simpatias sentidas individualmente não arranharam a consistência granítica da classe. Se cada indivíduo possui um coração, a classe, como tal, não possui, não no sentido conferido a essa palavra pelo humanitarismo atrofiado. A classe possui uma vontade, um caráter. Dessa vontade e desse caráter é plasmada toda a sua vida, sem nenhum resíduo. Como classe não pode possuir senão a solidariedade de classe, não pode lutar senão como classe, não pode compartilhar outra nação que não a de classe, ou seja, internacional. O seu coração não é outra coisa que a consciência do ser classe, a consciência dos seus fins, do seu porvir. Do futuro que é apenas seu, para o qual não exige solidariedade e colaboração a ninguém, pelo qual não quer que palpite o coração de ninguém, mas apenas – em sua imensa potencialidade dinâmica e criativa – a sua vontade tenaz, implacável contra tudo e todos que a ela sejam estranhos.

Os nossos adversários não entendem isso. Na Itália não se conhece o caráter. E essa é a única coisa com a qual os socialistas podem contribuir e já contribuíram para a italianidade. Deram à Itália aquilo que até então sempre faltava. Um exemplo vivo e dramaticamente palpitante de caráter adamantino e orgulhosamente soberbo de si mesmo.

9. MORGARI NA RÚSSIA[1]

Os jornais burgueses estão nervosos. O banho gelado de realidade da Revolução Russa serviu, mas apenas até certo ponto. Estão menos frenéticos, algumas vezes se dignam a baixar os olhos, alucinados pelo voo das águias latinas[2], sobre o mundo de homens humildes, que sofrem e morrem, para em seguida retomar seu frenesi. As notícias sobre a viagem de nosso companheiro Morgari a Estocolmo e Petrogrado funcionaram como um novo choque[3]. Não pouparam pregações, ameaças e avisos ao "embaixador vermelho".

"Embaixador vermelho." Fiquemos com a denominação. Morgari é precisamente o embaixador do proletariado italiano. [O proletariado italiano não é mais um nome vão, não é mais um direito sem "força". A força foi conquistada. É o reflexo da "força" que o proletariado russo conquistou no campo das competições internacionais, do peso que o proletariado russo pode jogar na balança das forças internacionais. Para o proletariado russo não contam mais nada a vontade e os propósitos dos dirigentes burgueses e dos Estados capitalistas;

---

[1] *Avanti!*, a. XXI, n. 109, 20 abr. 1917, p. 1 (assinado Alfa Gamma).

[2] A metáfora faz referência às águias que eram utilizadas como símbolo pelas legiões na Roma antiga. No contexto da Primeira Guerra, os nacionalistas italianos tornaram cada vez mais frequentes as referências ao Império Romano.

[3] Em 3 de abril de 1917 a direção do PSI enviou um telegrama ao deputado socialista Oddino Morgari (1865-1944), que se encontrava em Haia, na Holanda, para que este fosse a Petrogrado, na Rússia, estabelecer contato com os revolucionários do país. Morgari, entretanto, não conseguiu entrar em território russo e voltou à Itália em julho.

contam apenas a vontade e os propósitos dos proletariados desses Estados, e, já que o proletariado russo representa hoje o Exército russo – representa a vontade russa, é juiz da situação internacional –, uma grande parte dessa sua potência se reflete sobre os demais proletariados, os quais preenche com uma vida nova, com uma nova autoridade. Morgari na Rússia é, portanto, embaixador dessa nova potência italiana; Morgari na Rússia possui, neste momento, uma autoridade muito superior à autoridade do marquês Gavotti[4], embaixador de sua majestade Vittorio Emanuele III.]

Os jornais burgueses sentem que essa é a realidade atual. E estão nervosos. Procuram rir, fazem caretas, mas é um riso forçado, um riso de frenesi histérico. Na mesma página do *Corriere della Sera* é possível encontrar o artigo sobre os apitos de Morgari[5] ao lado da tradução de uma passagem de um jornal socialista russo: "Os esforços das classes operárias da Europa devem estar voltados unicamente para constranger os governos a renunciar a seu ímpeto de conquista, e, se os governos resistem, é preciso privá-los do poder, como foi feito na Rússia. Nós estamos prontos para estender fraternalmente as mãos aos povos da Alemanha e da Áustria para que obriguem os próprios governos a renunciar a qualquer conquista, mas combatemos a invasão e estamos prontos a ajudar com a força das armas os povos da Inglaterra, França e Itália para que forcem, por sua vez, os próprios governos a abandonar a política de conquistas, ainda que continuem a se defender da Alemanha. Apesar disso, protestamos

---

[4] Gramsci se equivocou a respeito do embaixador italiano na Rússia, o qual era, na verdade, o marquês de Riparbella, Andrea Carlotti.

[5] Trata-se do artigo "Quello dei fischietti", *Corriere della Sera*, 18 abr. 1917. O artigo fazia referência a um episódio de 1903, quando Morgari anunciou que promoveria um protesto com apitos (*fischietti*) contra a visita do tsar Nicolau II da Rússia, naquele mesmo ano. A viagem foi cancelada pelo governo russo, alegando as hostilidades previstas.

resolutamente contra a continuação da guerra em nome dos interesses capitalistas de qualquer país". [O pequeno artigo irônico se dispersa no âmago do leitor, esmagado por esse bloco rochoso de realidade. Não são palavras vazias: são declarações sustentadas por milhões de baionetas, pelas mãos de milhões de homens, não de milhões de subalternos. São palavras-fatos, ditas por homens que podem atuar. Como são frívolas e inchadas de vaidade as ameaças ao sr. Morgari. O deputado do II Colégio[6] não é apenas mais um cidadão italiano: é um cidadão da Internacional, que já não é uma utopia, porque ao menos em um país os internacionalistas não estão mais de joelhos, mas se ergueram sobre os pés. Porque ao menos em um país os internacionalistas, se não são tudo, são grande coisa e querem que sua força pese sobre a história para resgatar seus irmãos. E podem. As burguesias mesmas preparam para si as melhores condições para operarem eficazmente. Levaram as coisas a um ponto no qual os internacionalistas russos tornaram-se árbitros da situação. A paz em separado não é o que os burgueses da Tríplice Entente mais temem. Seu medo é da paz conquistada sem intervenção da América ou de qualquer outra potência burguesa, mas por ação de uma potência não desejada: o proletariado. E é justamente à paz para todos que os socialistas russos tendem com suas declarações: esses demonstraram qual é a força dos proletários, são hoje a força de atração que muda a disposição caótica das moléculas humanas, clarifica os agregados e coloca em primeiro plano as maiorias efetivas. Para eles essas maiorias efetivas importam e apenas sua palavra, sua vontade, possuem razão de ser e devem ser levadas em consideração.]

---

[6] Trata-se do colégio eleitoral de Turim, pelo qual Morgari se elegia à Câmara de Deputados desde 1897.

O sr. Oddino Morgari é o embaixador vermelho [da maioria efetiva dos italianos:] os socialistas de Turim, que dessa maioria são a parte que conferiu a Morgari o mandato representativo, seguem hoje sua viagem com toda paixão e esperança de um futuro próximo de paz socialista.

10. NOTAS SOBRE A REVOLUÇÃO RUSSA[1]

Por que a Revolução Russa é revolução proletária? Quando lemos os jornais, o complexo de notícias que a censura permite que sejam publicadas, isso não fica muito claro. Sabemos que a revolução foi feita por proletários (operários e soldados), sabemos que existe um comitê de delegados operários que controla o trabalho das entidades administrativas que necessariamente devem ser mantidas para o andamento das atividades cotidianas. Mas é suficiente que uma revolução seja feita por proletários para que seja uma revolução proletária? A guerra também é feita por proletários e, contudo, não é apenas por isso um fato proletário. Para tal, é preciso que intervenham outros fatores, os quais são fatores espirituais. É necessário que o fato revolucionário se demonstre, além de fenômeno de força, como fenômeno de costume, se demonstre fato moral. Os jornais burgueses insistiram no fenômeno de força, informaram como a força da autocracia foi substituída por uma outra força, ainda não bem definida e que esperam ser uma força burguesa. Rapidamente instituíram o paralelo: Revolução Russa, Revolução Francesa, e descobriram que os fatos se assemelhavam. Mas é apenas a superfície dos fatos que se assemelha, assim como um ato de violência se parece com outro ato de violência, e uma destruição se parece com outra destruição.

[1] *Il Grido del Popolo*, a. XXII, n. 666, 29 abr. 1917, p. 1 (assinado A. G.).

54 | ODEIO OS INDIFERENTES

Apesar disso, estamos convencidos de que a Revolução Russa seja, além de um fato, um ato proletário, e de que deve necessariamente confluir para o regime socialista[2]. As poucas notícias verdadeiramente concretas e substanciais não permitem uma demonstração exaustiva. Alguns elementos, contudo, permitem chegar a essa conclusão.

***

A Revolução Russa ignorou o jacobinismo[3]. Ela foi capaz de abater a autocracia, mas não conquistou a maioria com a violência. O jacobinismo é um fenômeno puramente burguês: ele caracteriza a revolução burguesa da França. A burguesia, quando fez sua revolução, não possuía um programa universal: ela se valia de interesses particularistas, os interesses da sua classe, e os servia com a mentalidade fechada e atrasada de todos aqueles que tendem a fins particulares. O fato violento das revoluções burguesas é duplamente violento: destrói a velha ordem, impõe a nova ordem. A burguesia impõe a sua força e as suas ideias não apenas à casta dominante,

---

[2] A distinção entre fato e ato é típica da filosofia neoidealista de Giovanni Gentile (1875--1944). A respeito da filosofia de Gentile, Gramsci escreveria no ano seguinte: "Seu sistema de filosofia é o desenvolvimento final do idealismo germânico que culminou em Georg Hegel, professor de Karl Marx, e é a negação de qualquer transcendentalismo, a identificação da filosofia com a história, com o ato do pensamento, no qual a verdade e o fato estão unidos, numa progressão dialética nunca definitiva e perfeita", "Il socialismo e la filosofia attuale", *Il Grido del Popolo*, n. 707, 9 fev. 1918, CF), p. 650.

[3] O paralelo entre os acontecimentos da Rússia e a Revolução Francesa era comum na imprensa socialista da época. O argumento de Gramsci ecoa um antijacobinismo tributário de Georges Sorel (1847-1922), que identifica os partidários de Robespierre com o despotismo. Ver, em particular, Georges Sorel, *Réflexions sur la violence* (2. ed., Paris, Marcel Rivière, 1910), cap. 3. Mais tarde Gramsci abandonará esse antijacobinismo. Sobre a evolução das ideias de Gramsci a respeito dos jacobinos, ver Rita Medici, "Giacobinismo", em Fabio Frosini e Guido Liguori (orgs.), *Le parole di Gramsci: per un lessico dei* Quaderni del carcere (Roma, Carocci, 2004), p. 112-30.

mas também ao povo que está prestes a dominar. É um regime autoritário que substitui outro regime autoritário.

A Revolução Russa destruiu o autoritarismo e em seu lugar instituiu o sufrágio universal, estendido também às mulheres. Substituiu o autoritarismo pela liberdade, a constituição pela voz livre da consciência universal. Por que, então, os revolucionários russos não são jacobinos? Não substituíram, também eles, a ditadura de um só pela ditadura de uma minoria audaciosa e decidida a tudo para fazer triunfar seu programa? Não são, pois perseguem um programa ideal que não pode ser apenas de poucos, porque estão seguros de que, quando todo o proletariado russo for questionado, a resposta não será dúbia: ela está na consciência de todos e se transformará em decisão irrevogável tão logo possa exprimir-se em um ambiente de liberdade absoluta, sem que o sufrágio seja pervertido pela intervenção da polícia e pela ameaça da forca ou do exílio. O proletariado industrial também está preparado culturalmente para essa transição: o proletariado agrícola, que conhece as formas tradicionais do comunismo comunal, também está preparado para a passagem a uma forma nova de sociedade. Os revolucionários socialistas não podem ser jacobinos: na Rússia, eles cumprem justamente a tarefa de controle para que os organismos burgueses (a Duma, os Zemvsta)[4] não imponham o jacobinismo que tornará equívoco o resultado do sufrágio universal e reorientará o fato violento a favor de seus interesses.

***

---

[4] A Duma era o Parlamento do Império Russo, dotado de escassos poderes e eleito com base em um sufrágio restrito. Depois da Revolução de Fevereiro, foi responsável pela formação de um governo provisório. Os Zemvsta eram conselhos distritais e provinciais.

Os jornais burgueses não deram nenhuma importância a este outro fato. Os revolucionários russos abriram as prisões não apenas aos condenados políticos, mas também aos condenados por crimes comuns. Em uma penitenciária, ao saber que estavam livres, os condenados por crimes comuns responderam não se sentir no direito de aceitar a liberdade porque deveriam expiar a culpa de seus atos. Em Odessa, eles se reuniram no pátio da prisão e voluntariamente prometeram se tornar honestos e buscar viver do próprio trabalho[5]. Essa notícia é tão importante para os propósitos da revolução socialista como a da queda do tsar e dos grão-duques. O tsar seria derrubado também pelos burgueses. Mas para os burgueses esses condenados seriam sempre inimigos de sua ordem, os insidiosos desonestos que ameaçariam sua riqueza e tranquilidade. Ao contrário, a sua liberação possui, para nós, o seguinte significado: na Rússia existe um novo costume que a revolução criou. Essa não apenas substituiu um poder por outro, mas um costume por outro, criou uma nova atmosfera moral, instaurou a liberdade do espírito, além da liberdade corporal. Os revolucionários não tiveram medo de colocar em circulação homens que a justiça burguesa havia catalogado nos vários tipos de criminosos delinquentes. Apenas em uma atmosfera de paixão socialista isso poderia acontecer, quando o costume mudou, quando a mentalidade predominante mudou.

---

[5] O episódio havia sido narrado em "La rivoluzione e i delinquenti", *Avanti!*, 25 maio 1917, informando que uma reunião de delinquentes havia votado uma resolução que concluía do seguinte modo: "De nossa parte, nós, o grupo de iniciativa dos delinquentes, declaramos que estamos totalmente dispostos a colaborar na manutenção da ordem e da segurança pública na agitada Odessa; esperamos que tenhamos a possibilidade de divulgar a todas as organizações sociais nossa situação e nossas necessidades, se todos os prisioneiros da prisão de Odessa forem libertados e tivermos a possibilidade de uma reunião comum e aberta para deliberar sobre os meios de retornar à vida honesta e liquidar o passado".

A liberdade produz homens livres, alarga o horizonte moral, faz do pior malfeitor em um regime autoritário um mártir do dever, um herói da honestidade. Os jornais dizem que em uma prisão os *malfeitores* rejeitaram a liberdade que seus guardiões valorizam. Por que, então, sua prisão estava até agora repleta de muralhas e janelas protegidas com ferros? Aqueles que os libertaram certamente cultivavam um semblante bem diverso dos juízes de tribunais e dos agentes das prisões, palavras bem diferentes das habituais ouviram *esses malfeitores comuns* para que tal transformação ocorresse em sua consciência e, quando se viram *assim livres*, pudessem escolher a segregação em vez da liberdade e impor a si mesmos, voluntariamente, uma expiação. Devem ter sentido que o mundo estava diferente e que também eles, os rejeitados da sociedade, tornavam-se alguma coisa, que também eles, os segregados, possuíam vontade de escolha.

É este o fenômeno mais grandioso nunca antes produzido pela humanidade. O homem *malfeitor comum* tornou-se, na Revolução Russa, o homem pregado por Immanuel Kant, o teórico da moral absoluta, o homem que diz: a imensidão do céu fora de mim, o imperativo da minha consciência dentro de mim[6]. É a liberação dos espíritos, a instauração de uma nova consciência moral que essas pequenas notícias revelam. É o advento de uma nova ordem, que coincide com tudo aquilo que nossos mestres nos ensinaram. E

---

[6] Trata-se da frase que abre a conclusão de *Kritik der praktischen Vernunft* [*Crítica da razão prática*], de Immanuel Kant, publicado em italiano em 1909: "Duas coisas enchem a alma com admiração e veneração sempre novas e crescentes; quanto mais vezes mais longa a reflexão lida com elas: o céu estrelado acima de mim e a lei moral em mim. Não preciso procurar essas duas coisas e simplesmente supor que elas estão envoltas na escuridão, ou no transcendente, do lado de fora do meu horizonte; eu as vejo na minha frente e imediatamente as conecto com a consciência da minha existência", Immanuel Kant, *Critica della ragion pratica* (trad. Francesco Capra, Bari, Laterza, 1909), p. 193 [ed. bras.: *Crítica da razão prática*, trad. Valerio Rohden, 4. ed., São Paulo, WMF Martins Fontes, 2016].

mais uma vez: a luz vem do Oriente e irradia o velho mundo ocidental, que permanece estupefacto e não sabe opor a ela senão o chiste trivial e tolo de seus vendedores de notícias.

11. OS MAXIMALISTAS RUSSOS[1]

Os maximalistas são a própria Revolução Russa.

Kiérienski, Tseretiéli, Tchernov são hoje a revolução, são os realizadores de um equilíbrio social, a resultante de forças nas quais os moderados possuem ainda muita importância[2]. Os maximalistas são a continuidade da revolução, são o ritmo da revolução: por isso são a própria revolução.

Eles encarnam a ideia-limite do socialismo: querem *todo* o socialismo. E possuem uma tarefa: impedir que se estabeleça um compromisso definitivo entre o passado milenar e a ideia, ser vivente símbolo da meta última a qual se esforçam por realizar, qual seja, impedir que o problema imediato a ser resolvido hoje se dilate para ocupar toda a consciência e se transforme em preocupação única, frenesi espasmódico que ergue portões intransponíveis a qualquer possibilidade de realização futura.

---

[1] *Il Grido del Popolo*, a. XXII, n. 679, 28 jul. 1917, p. 1; *L'Avanguardia*, a. XI, n. 501, 12 ago. 1917.

[2] Aleksandr Kiérienski (1881-1970), um dos líderes da ala moderada do Partido Socialista Revolucionário russo, foi ministro da Justiça, ministro da Guerra e, por último, primeiro-ministro do governo provisório instituído depois da Revolução de Fevereiro de 1917; Irakli Tseretiéli (1881-1959) foi um dos líderes da ala menchevique do Partido Operário Social-Democrata Russo (POSDR); Víktor Mikháilovitch Tchernov (1873-1952) foi um dos principais teóricos do Partido Socialista Revolucionário russo e ministro da Agricultura no governo provisório.

60 | ODEIO OS INDIFERENTES

Eis o perigo máximo de todas as revoluções: a formação da convicção de que um determinado momento da nova vida seja definitivo, de que seja necessário interromper-se e olhar para trás, considerar o que já foi feito e gozar, finalmente, do próprio sucesso. Descansar. Uma crise revolucionária desgasta rapidamente os homens. Cansa rapidamente. É compreensível tal estado de ânimo. A Rússia, contudo, teve este destino: ignorou o jacobinismo. Por esse motivo, a propaganda fulminante de todas as ideias tornou-se possível e, por meio dela, foram formados numerosos grupos políticos, cada qual mais audaz que os demais, incansáveis, crentes de que o momento definitivo o qual precisam alcançar está mais adiante, distante. Os maximalistas, os extremistas, são o último anel lógico desse tornar-se revolucionário. Por isso permanecem na luta, vão adiante e trabalham na massa, suscitando sempre novas energias proletárias e organizando novas forças sociais que se impõem e controlam os cansados, mostrando capacidade de substituí-los, de eliminá-los se não se renovarem, se não se reanimarem para seguir em frente. Assim a revolução não é interrompida, não fecha o seu ciclo. Ela devora seus homens, substitui um grupo por outro mais audacioso e é devido a essa instabilidade, a essa perfeição nunca alcançada, que é apenas e verdadeiramente revolução.

Os maximalistas são, na Rússia, os inimigos das poltronas. São o aguilhão dos preguiçosos: derrubaram, até agora, todas as tentativas de aterrar a torrente revolucionária, impediram a formação dos pântanos estagnantes, as mortes sangrentas. Por isso são odiados pelas burguesias ocidentais, por isso os jornais da Itália, França e Inglaterra os difamam, buscam desacreditá-los, sufocá-los sob uma montanha de calúnias. As burguesias ocidentais esperavam que ao esforço enorme de pensamento e ação que custou o nascimento da nova vida sucedesse uma crise de preguiça mental, um recuo da atividade dinâmica dos revolucionários que fosse o princípio de ajuste definitivo do novo estado de coisas.

Mas na Rússia não existem jacobinos. O grupo dos socialistas moderados que deteve o poder em suas mãos não o destruiu, não buscou sufocar em sangue os vanguardistas. Lênin na revolução socialista não teve o destino de Babeuf[3]. Pôde converter seu pensamento em força operante na história. Suscitou energias que não morreram mais. Ele e seus companheiros bolcheviques estão convencidos de que é possível a cada momento realizar o socialismo. Estão nutridos pelo pensamento marxista. São revolucionários, não evolucionistas. E o pensamento revolucionário nega o tempo como fator de progresso. Nega que todas as experiências intermediárias entre a concepção do socialismo e sua realização devam possuir, no tempo e espaço, uma verificação absoluta e integral. Essas experiências devem apenas atuar no pensamento para que possam ser superadas e passadas para trás. É necessário despertar as consciências, conquistar as consciências. Lênin, com seus companheiros, ativou e conquistou as consciências. A sua persuasão não permaneceu apenas audácia do pensamento: ela se encarnou nos indivíduos, em muitos indivíduos – ela frutificou. Criou aquele grupo determinado que era preciso para uma oposição dos compromissos definitivos, a tudo aquilo que pudesse se tornar definitivo. E a revolução continua. Toda a vida se tornou verdadeiramente revolucionária:

---

[3] Primeira referência a Vladímir Ilitch Uliánov Lênin (1870-1924) nos escritos de Gramsci. François-Noël Babeuf, conhecido como Gracchus Babeuf (1760-1797), foi guilhotinado devido a seu papel na Conspiração dos Iguais (1796). A situação descrita por Gramsci é anterior às jornadas dos dias 16 e 17 de julho contra o governo provisório e à brutal repressão que se seguiu.

62 | ODEIO OS INDIFERENTES

é uma atividade sempre atual, uma troca contínua, uma escavação contínua no bloco amorfo do povo. Novas energias são suscitadas, novas ideias-força propagadas. Os homens são, assim, os artífices do próprio destino, todos os homens. É impossível a formação de minorias despóticas. O controle é sempre vivo e alegre. Agora existe um fermento que decompõe e recompõe os agregados sociais sem parar e impede as cristalizações, impede que a vida se detenha no sucesso momentâneo.

Lênin e seus companheiros mais conhecidos podem ser esmagados pelo desenvolvimento das tempestades que eles próprios suscitaram[4]. Mas não desaparecem todos os seus seguidores. São hoje muito numerosos. E o incêndio revolucionário se propaga, arrebata corações e cérebros jovens, faz deles tochas ardentes de luz nova, chama nova, devoradora de preguiça e cansaço. A revolução prossegue até sua realização completa. Estamos longe ainda do tempo no qual será possível um descanso relativo. E a vida é sempre revolução.

---

[4]   O parágrafo final alude à perseguição aos bolcheviques e ao exílio de Lênin após as jornadas de julho, tema que, como visto na nota precedente, não havia sido tratado no parágrafo anterior. Provavelmente este último parágrafo é um adendo a um texto escrito previamente.

12. O RELOJOEIRO[1]

[Fala-se muito de um antes e de um depois. Almeja-se uma data fixa. Nós não acreditamos que exista tal data, e apenas nós pensamos assim, pois nosso pensamento busca sempre na vida um modo de ser perenemente aderente às nossas ideias. Entre a mesmice da vida social cotidiana e a vida de exceção das revoluções não existe uma diferença qualitativa, mas sim uma diferença quantitativa. Algo a mais ou a menos de determinados fatores. As energias sociais ativas são a aparência sensível e humana de determinados programas, de certas ideias: em tempos normais existe um equilíbrio de forças cuja instabilidade não possui oscilações visíveis; quanto mais essas oscilações se mostram irregulares e caprichosas, contudo, mais se diz que os tempos estão calamitosos. Quando o equilíbrio tende irresistivelmente a mudar, por sua vez, admite-se que um momento de vida nova se abriu. Mas a novidade é quantitativa, não qualitativa.

Ocorreu uma escavação profunda na matéria social. Ela adquire hoje feição inteiramente metálica, um metal novo que possui um timbre, o nosso timbre. Mas esse fenômeno sempre aconteceu, pois não somos diferentes do passado, pois continuamos nosso ontem. Encontramo-nos nesse fenômeno: o resto está assustado. Essa é a nossa realidade, a nossa concepção, é nossa obra-prima histórica,

---

[1] *Avanti!*, a. XXII, 13 ago. 1917 (artigo completamente censurado); *Il Grido del Popolo*, a. XXII, n. 682, 18 ago. 1917, p. 1.

64 | Odeio os indiferentes

pois finalmente os dois termos, concepção e realidade, aderem um ao outro extensivamente e não de forma fragmentária. A vida do pensamento passa a substituir a inércia mental, a indiferença: é a primeira das substituições revolucionárias. Uma nova atitude se forma: aquela de não temer o fato novo, primeiro porque pior do que está não é possível ficar, depois porque existe a convicção de que se pode melhorar.

Quando começou o processo de idealização do regime, teve início sua declaração de falência: ele perdeu a confiança instintiva e de rebanho dos indiferentes, pois fechou porteiras demais. Deixou entreaberta, contudo, uma outra porteira: a da vida, da boca do forno, da porta do armazém de grãos. Poderá fechá-la inteiramente? A dúvida angustiante se propaga nas longas filas de mulheres às cinco da manhã diante das padarias[2]. Atinge a todos, mesmo os grupos mais humildes da passividade social: bate e sacode os pilares da vida. E a matéria se metaliza: todos vivem, todos se alimentam; as fontes da vida se dissecam, e a passividade se organiza como pensamento para se defender.

Por três anos, gozaram da confiança de uma pequena parte ativa da sociedade e disciplinaram externamente a imensa passividade social, os indiferentes. A outra parte ativa, que não sofre dessa exterioridade, não concedeu sua confiança, sua colaboração. Hoje mesmo a imensa passividade se organiza como pensamento, se disciplina, não segundo esquemas exteriores, mas segundo a

---

[2] Nas primeiras semanas de agosto de 1917, a escassez de alimentos provocada pela guerra e pela especulação chegou a seu ápice em Turim. Entre os dias 7 e 10 de agosto, muitas padarias suspenderam a produção por falta de farinha e longas filas se formaram. Em 22 de agosto, uma insurreição popular teve lugar na cidade e só foi controlada, com violenta repressão, no dia 26.

necessidade de sua própria vida, de seu pensamento nascente. Não é preciso compromisso algum ou harmonia preestabelecida. Se, como Leibniz, comparamos os números dessa humanidade crescente aos relógios de uma relojoaria, é possível observar a mesma coisa: a harmonia preestabelecida, todos marcam a mesma hora, pensam sempre à mesma hora, sempre assediados pela mesma preocupação, e isso não significa que compartilhem entre si quaisquer vontades[3]. O estranhamento é o relojoeiro que aciona todas as molas juntas, que imprime um movimento sincronizado a todos os ponteiros. O estranhamento é o relojoeiro que criou uma unidade social nova, com estímulos novos, não exteriores, mas interiores. Uma unidade social mais extensa que aquela que ontem existia determinada pela mesma causa exterior. Ontem o estranhamento era a relação de insatisfação entre determinado pensamento político e econômico, e determinada realidade política e econômica, entre uma necessidade e uma desilusão; hoje a relação permanece a mesma, percebida por uma multidão, uma quase totalidade. E é a continuação do nosso ontem, pois a vida é sempre uma revolução, uma substituição de valores, de pessoas, de categorias, de classes. Os homens dão o nome de revolução às grandes revoluções, das quais participam o máximo número de indivíduos, que desloca um número maior de relações, que destrói todo um equilíbrio para substituí-lo por outro inteiro, orgânico. Nós somos diferentes dos demais porque concebemos a

---

[3] Guido de Ruggiero selecionou e traduziu para o italiano, em 1912, uma coletânea de textos do filósofo alemão Gottfried Wilhelm Leibniz (1646-1716). A metáfora do relógio está presente em vários momentos da obra de Leibniz, p. ex.: "Tudo o que acontece no corpo do homem e de todos os animais é mecânico, exatamente como acontece em um relógio. A única diferença é a que deve existir entre uma máquina da invenção divina e a produção de um criador limitado, que é o homem", Gottfried Wilhelm Leibniz, *Opere varie: scelte e tradotte da Guido De Ruggiero* (Bari, Laterza, 1912), p. 325.

vida *sempre* como revolucionária e, por isso, amanhã não vamos dizer que é definitivo um mundo por nós realizado, mas deixaremos sempre aberto o caminho para algo melhor, harmonias superiores. Não seremos conservadores, nem mesmo sob o socialismo, mas queremos que o relógio da revolução não seja um fato mecânico, um estranhamento, e sim a audácia do pensamento que cria mitos sociais sempre mais elevados e luminosos.]

13. A TAREFA DA REVOLUÇÃO RUSSA[1]

O DISCURSO DE GOLDENBERG

O companheiro Goldenberg realiza seu discurso em francês; a massa o segue atentamente e sublinha com aplausos as afirmações com as quais o discurso é concluído em seus vários momentos[2]. Goldenberg relembra que esta é a segunda vez que discursa em Turim. No entretempo ele, com seus companheiros de delegação, atravessou a Itália. Roma, Florença, Ravena, Milão, Bolonha, Novara e Varese deram espetáculos das forças proletárias e socialistas em solidariedade à Rússia revolucionária. Turim encerra magnificamente a série. É o povo, são as maiorias das grandes cidades que declaram à Rússia seu estado de espírito, a vontade do país. As forças revolucionárias russas as revigoram a continuar a tarefa à qual se propuseram. As forças proletárias querem liquidar a guerra e restaurar a paz. Mas não querem uma paz qualquer. Depois da vitória dos socialistas russos

[1] *Avanti!*, a. XXI, n. 225, 15 ago. 1917, p. 1.

[2] Este artigo é um relato da manifestação que ocorreu em Turim, no dia 13 de agosto de 1917, com a participação de uma delegação do Comitê Executivo Pan-Russo dos Sovietes, e narra os discursos dos mencheviques Josif Goldenberg (1873-1922) e Aleksandr Smirnov (1880--1927) e do líder socialista italiano Giacinto Menotti Serrati (1872-1926). Apesar da proibição de atos públicos, que imperava desde o início da guerra, o comício reuniu uma multidão de pessoas, surpreendendo os próprios organizadores. O jornal *Avanti!* festejou o resultado: "Nem no período anterior à nossa guerra pudemos ter manifestações da grandeza da outra noite. Quantas pessoas estavam lá? Entre 30 mil e 40 mil". Ver "Il saluto di Torino ai delegati russi. Il grande comizio a Corso Siccardi", *Avanti!* (a. XXII, n. 225, 15 ago. 1917), p. 1.

68 | Odeio os indiferentes

contra o tsarismo, o problema da paz apresenta aspectos diferentes de antes. [*Cerca de duas linhas censuradas.*] A paz não pode ser mais o resultado de uma aliança diplomática. É preciso perseguir a paz como resultado de uma aliança dos povos. Esta aliança o *"soviet"* propõe realizar. A paz deve possuir uma plataforma internacional, deve ser uma etapa decisiva no sentido de um rearranjo internacional do mundo. Em Estocolmo essa aliança definitiva dos povos deve encontrar sua marca. A Conferência de Estocolmo é significativa em grau máximo, e, por isso, os delegados do *"soviet"* peregrinaram pela Europa, reconectaram muitos fios que a guerra havia rasgado[3]. O Partido Socialista Italiano está de acordo com este programa do *"soviet"*: "Paz sem indenizações e sem anexações violentas com direito a todos os povos de decidir sobre o próprio destino"[4]. A fórmula é defendida pelo povo russo por meio dos seus organismos. Já começou a se tornar popular. Em Estocolmo ela poderá adquirir seu mais alto valor e terminará por penetrar a consciência de todos e se tornará a plataforma da paz internacional, desejada pelos povos para endereçar a sua história aos fins próprios do

---

[3] A Conferência de Estocolmo reuniu os partidos socialistas contrários à guerra entre os dias 5 e 12 de setembro de 1917, na capital da Suécia. Foi convocada pelo Soviete de Petrogrado e por um comitê holandês e escandinavo. O giro da delegação dos sovietes pela Itália tinha o objetivo de conquistar apoio para a realização dessa conferência.

[4] Em agosto o programa dos sovietes expressava sua maioria menchevique, a qual defendia que, enquanto a paz não fosse obtida, a Rússia deveria permanecer na guerra para defender a revolução. Os bolcheviques eram favoráveis à retirada imediata da Rússia da guerra. No dia 7 de agosto, os delegados dos sovietes se reuniram com a direção do Partido Socialista Italiano [Partido Socialista Italiano, PSI]. No jornal *Avanti!* do dia seguinte, noticiava-se que entre os delegados e a direção italiana houve uma "perfeita identidade de pontos de vista", embora o PSI tivesse condicionado sua participação na Conferência de Estocolmo ao acordo com os demais partidos participantes da Conferência de Zimmerwald. Ver "La riunione alla direzione del Partito. Le dichiarazione dei delegati per una azione internazionale per la pace", *Avanti!*, 8 ago. 1917, p. 1.

proletariado e dos partidos socialistas. Esta é a tarefa grandiosa do *"soviet"* e da Rússia revolucionária; as manifestações imponentes que os proletários realizaram para os delegados do *"soviet"* em Roma, Florença, Ravena, Bolonha, Milão, Novara e Turim são a prova de que também o proletariado italiano é solidário a esse programa, e que por isso ele deve triunfar.

O discurso do companheiro Goldenberg, interrompido por aplausos frenéticos [*duas linhas censuradas*] foi coroado por aplausos fragorosos de toda a massa que exalta a nova Rússia, [*duas linhas censuradas*].

FALA G. M. SERRATI

O companheiro Serrati sucede Goldenberg. Ele resume o discurso do delegado russo e o desenvolve em alguns pontos [*meia linha censurada*] como a imensa [*22 linhas censuradas*].

A exposição de Serrati é interrompida frequentemente por aplausos unânimes e termina com vigorosas aclamações ao *Avanti!*.

O METALÚRGICO SMIRNOV

Tão logo o segundo delegado russo, o companheiro Smirnov, se apresentou, foi aplaudido com gritos de "viva os operários russos, viva o proletariado russo!". Smirnoff fala em russo: sua voz sonora e vibrante é escutada em silêncio. A massa segue a entonação passional, as inflexões musicais que possuem também um significado, que são a linguagem não articulada em períodos comunicáveis ao pensamento de um estado de espírito que se exprime por meio da multidão como uma sonata de Beethoven. A língua russa, pela sua conformação, pela sucessão de sílabas dos seus períodos de consoantes e vogais alternadas mais ou menos parecidas com o italiano, pela falta de grupos consoantes ásperos e desarmônicos, dá a ilusão de um italiano falando à distância e de cuja voz só é possível ouvir o eco musical. Os aplausos que acolhem o final do discurso são perfeitamente compreensíveis: exprimem também uma solidariedade sentida, uma solidariedade que Romain Rolland estudou e explicou em sua maior obra, quando, ainda impregnado por valores excessivamente intelectuais, imaginava a instauração de uma unidade social perfeita, na qual a linguagem universal deveria ser, não por acaso, a música[5].

O companheiro russo Heryng, da seção socialista de Turim, traduz o discurso[6]. Smirnov insistiu especialmente sobre a grande obra que a Revolução Russa realizou e sobre os grandes perigos que ainda sofre. Não se pode julgar a revolução em qualquer um de seus momentos de maneira apressada e aligeirada. Essa fez muito, mas deve ainda fazer mais. A contrarrevolução está à espreita e possui duas faces, duas esperanças de vingança: exterior e interior. As forças revolucionárias organizadas devem lutar continuamente, devem demonstrar continuamente ser dignas e capazes de resolver todos os problemas que surgirem. É preciso eliminar o inimigo externo: a revolução precisa de paz. Mas a paz deve ser uma paz para

---

[5] Referência ao romance *Jean-Christophe*, publicado em doze volumes por Romain Rolland entre 1902 e 1912 pela editora P. Ollendorff, de Paris [ed. bras.: *Jean-Christophe*, trad. Vidal de Oliveira e Carlos Dante de Moraes, São Paulo, Biblioteca Azul, 2012, 3 v.].

[6] Trata-se de Jerzy Heryng (1886-1937), engenheiro polonês exilado que trabalhava na Fiat. Depois da guerra voltou à Polônia, onde fez parte do Comitê Central do Partido Comunista da Polônia. Foi executado em Moscou em 1937, juntamente com outros comunistas poloneses.

o proletariado, ou seja, que continue a revolução; e só pode existir se for imposta pelos revolucionários. A Conferência de Estocolmo colocará suas bases. Não será uma coisa fácil; é preciso manter a calma e a seriedade, porque daqui a poucas semanas a palavra nova será dita e terá repercussões profundas e extensas. É necessário, para a Revolução Russa, para sua resolução, a conformação de um ambiente de simpatia e solidariedade internacional. A Revolução Russa não é um episódio fragmentário da história do mundo. É o início de uma vida nova para todos, e todos podem contribuir para ajudar a Revolução Russa e o proletariado russo na imensa tarefa em que se empenham. O proletariado italiano manifestou sua opinião, começou nestes dias mesmo a colaborar com a Revolução Russa.

14. ANALOGIAS E METÁFORAS[1]

O sr. Claudio Treves tem prazer em realizar "analogias sutis" ("Critica Sociale", 1º-15 setembro)[2]. Gosta tanto dessas analogias – e das suas irmãs, as metáforas – que diante delas sacrifica o pensamento, a pesquisa rigorosa da verdade, a compreensão do mundo particular no qual ele vive e opera *ilusoriamente*.

Por meio das analogias e metáforas, a vida, a vida dos homens, que é sangue e dor, que é sofrimento e luta, se torna algo abstrato, simplista, materialmente insensível, como peças de um tabuleiro às quais se dá preventivamente nome e valor para, em seguida, mover e fazer pular com um movimento da mão, preventivamente certos de seu sucesso ou fracasso. A abstração chega a tal ponto que a potência da vontade, negada como fator ativo na história, zombada como "espera confiante do milagre", termina por ser reintegrada inteiramente como negatividade. A vontade só é eficaz quando nega, e é ilusão idealista quando afirma. Na dialética "sutil" do sr. Treves, não existe conceitualmente nada que não seja defensivo: a ofensiva é especulação de mentes doentes.

---

[1] *Il Grido del Popolo*, a. XXII, n. 686, 15 set. 1917, p. 1.

[2] Claudio Treves (1869-1933) era um dos principais líderes da ala reformista do PSI e desde 1904 deputado do Reino da Itália. A crítica de Gramsci se dirigia contra o artigo "Antica predica", publicado no *Critica Sociale*, a. XXXVII, n. 17, 1º-15 set. 1917. No artigo, Treves defendia uma estratégia moderada, criticando os partidários da "ofensiva audaz".

A verdade é que o sr. Treves, "estrategista" da luta de classes, reivindica os "entulhadores de cérebros" que se deliciam nos jornais burgueses. Ele exagera seu método. Reduz em esquemas, em peças de jogo, aquilo que é absolutamente irredutível. A "analogia estratégica sutil entre guerra e luta de classes" o levou a encarnar fantasmas metafóricos que são o "exército proletário" com seus batalhões, fortalezas, campos entrincheirados. Imaginou toda uma hierarquia de oficiais, suboficiais, cabos e soldados do partido, das organizações, das fábricas. Viu-os se moverem, bem enquadrados em fileiras, para o ataque ao inimigo, "na ilusão de que a vitória, meta ativa que não se vincula a circunstâncias reais, objetivas, pode ser alcançada com quaisquer meios, bastando agir, já que na ação todos os esforços são válidos, toda volição é sagrada para o triunfo".

A verdade é que a "analogia sutil" do sr. Treves, para ser tão sutil, termina por ser ausência absoluta de inteligência.

O proletariado não é um exército, não possui oficiais, suboficiais, cabos e soldados. A sua vida coletiva não pode ser nem de longe comparada à vida coletiva de um exército em armas, por incidência ou por metáfora. O proletariado possui uma vida coletiva que não pode entrar em nenhum esquema abstrato. É um organismo em contínua transformação e que possui uma vontade, mas esta não é a vontade livresca contra a qual o sr. Treves atira flechinhas de papel impresso. Os socialistas não são os oficiais do exército proletário, são uma parte do próprio proletariado, são talvez sua consciência, mas como a consciência não pode ser separada do indivíduo, tampouco os socialistas podem ser colocados em dualismo com o proletariado, como o sangue que se movimenta e circula nas veias de um corpo e não pode viver em mangueiras enroladas a um cadáver. Os socialistas vivem no proletariado, a sua força está no proletariado e o seu poder nasce dessa adesão plena.

O sr. Treves declara que um determinado ato de vida é um "erro". Mas erro e verdade são atos de pensamento: a vida é, simplesmente. O sucesso ou o fracasso são suas características necessárias. Demonstrar que existe, assegurar-se dessa existência, sentir bater o próprio coração e pulsar as veias é já um sucesso, o maior sucesso da vida.

A existência, a demonstração da existência é o problema máximo do proletariado italiano hoje. E tal proletariado não é o mesmo de três anos atrás. É maior numericamente, atravessou experiências espirituais mais intensas. Ele ainda não teve tempo para se organizar; não pôde se organizar. As elaborações, as absorções de cultura socialista possíveis em tempos normais não são possíveis normalmente hoje. O partido socialista, o socialismo italiano é mais rico hoje em seu conteúdo que há três anos. Contudo, não conhece toda a sua força e se agita, ou tende a ser organismo mais amplo e transborda, aqui e ali – de forma desordenada, diria o bom senso filisteu, ou de forma frutífera, segundo uma concepção da vida livre de preconceitos.

Nós nos sentimos solidários a esse novo e imenso pulsar de forças jovens, não renegamos aquilo que os filisteus chamam de erros e compartilhamos o sentido de vida vigorosa que emana delas. Assim, temos pena da velha mentalidade abstrata que, apesar de bem-vestida, sacoleja "pregações velhas" e se vangloria, apoiada em pernas de pau, das analogias sutis e metáforas antiquadas. O proletariado não quer pregadores de exterioridades, frios alquimistas de palavrinhas; quer compreensão inteligente e simpatia plena de amor.

15. A RÚSSIA É SOCIALISTA[1]

A linha de frente dos exércitos do kaiser, comandados pelo general Kornílov[2], marcha sobre Petrogrado para restabelecer a "ordem", para restaurar a autoridade decadente, para domesticar a revolução. Os "prussianos" da Rússia tentam dar o troco. Era previsível, faz parte da ordem natural das coisas. Os policiais, mandados ao fronte para combater, retornam com Kornílov[3], como os emigrados franceses tentaram voltar com Brunswick para punir os rebeldes que derrubaram a Bastilha. Os jornais burgueses que acusaram Lênin de toda sorte de crimes pela insurreição maximalista de julho, que deveria acelerar o ritmo da revolução, são os mesmos que agora clamam Kornílov "salvador da pátria", e começam a dizer que mesmo Kiérienski se vendeu aos alemães.

Mas a Revolução Russa não será interrompida. Os "prussianos" russos podem até se apoderar de Petrogrado, podem por um

---

[1] *Il Grido del Popolo*, a. XXII, n. 686, 15 set. 1917, p. 3.

[2] Lavr Gueórguievitch Kornílov (1870-1918) foi general do exército imperial da Rússia. No final de agosto de 1917, tentou mobilizar as tropas contra a influência dos bolcheviques e dos sovietes, promovendo um golpe de Estado. O avanço das tropas de Kornílov em direção a Petrogrado foi impedido pela mobilização dos sovietes, e em 1º de setembro (14 de setembro no calendário gregoriano) o general se rendeu, pondo fim à tentativa. O episódio marca a ascensão dos bolcheviques e o declínio do governo Kiérienski.

[3] Karl Wilhelm Ferdinand, duque de Brunswick-Lüneburg (1735-1806), chefe da coalizão de exércitos contra a Revolução Francesa. Em 25 de julho de 1792, apoiado por emigrados monarquistas franceses, emitiu uma proclamação ameaçando Paris de uma "vingança exemplar que jamais será esquecida", caso a família real fosse ultrajada.

momento parecer vencedores, mas não conseguirão cancelar a revolução que se desenvolveu nas consciências nos últimos sete meses, as experiências vividas pelo povo russo. A Rússia é socialista; o fermento socialista alçou as massas e estas, mesmo comprimidas momentaneamente por uma onda reacionária, retomarão seu impulso em frente.

16. O SOCIALISMO E A ITÁLIA[1]

Está aberta a caça ao socialismo[2]. Está aberta a caça aos socialistas. Quem deseja cuspir no rosto de Judas, dos vendidos, quem quer levar os pregos para crucificar o Anticristo?

Liberais, conservadores, clérigos, radicais, republicanos, nacionalistas, reformistas; a porta está aberta, está destrancada. Todos para cima dos socialistas: não tenham medo, o Estado está com vocês, o governo e o chefe do Exército também. Vocês possuem *uma voz*; os seus jornais podem publicar, podem polemizar, podem dizer a palavra última e triunfal, podem formar uma opinião pública que absolverá vocês, que louvará vossa obra. Essa é a única coisa que vocês desejam, experimentar a embriaguez de uma vitória: querem, ao menos um instante, sentir-se patrões, dominar 35 milhões de habitantes, mandar no destino desses, regulando-os de maneira suprema e inapelável.

Será um triunfo de um instante. Vocês nem sequer pensaram nisso. Dizem ser revolucionários. Identificam a revolução com o jacobinismo[3]. Até ontem não tinham nenhum confronto com o Estado e

---

[1] *Il Grido del Popolo*, a. XXII, n. 687, 22 set. 1917, p. 1.

[2] O artigo responde ao recrudescimento da campanha antissocialista na Itália durante o mês de setembro. Os socialistas eram acusados de sabotar o esforço de guerra italiano e, desse modo, favorecer os alemães na guerra.

[3] Sobre a crítica gramsciana ao jacobinismo, ver, neste volume, nota n. 3 do artigo "Notas sobre a Revolução Russa", p. 54.

a autoridade. Agora fingem ser qualquer coisa. Vocês conseguiram, em determinados momentos, imprimir à autoridade certa direção. Quiseram crer, com isso, ter realizado a revolução; acreditaram ter conquistado a plena identificação ao Estado e à autoridade. Vocês apenas reforçaram o Estado e a autoridade, mas ele permaneceu tal como era em intenções e programas. Não foi transformado, mas fortalecido: conquistou mais confiança em si mesmo e em seus organismos; afastou-se ainda mais do povo italiano, é hoje ainda mais estranho ao país e às suas forças vivas, distante do país que se constitui, que se organiza, que se transforma lentamente, laboriosamente, e assume consciência de sua existência, do seu vir a ser.

Não se conhece a história do povo italiano, a sua história íntima, espiritual. Cinquenta anos atrás o povo italiano não existia, era apenas uma expressão retórica[4]. Não existia qualquer unidade social na Itália, existia uma unidade geográfica. Existiam milhões de indivíduos espalhados no território italiano, cada um fazendo sua própria vida, agarrado ao seu sustento particular imediato, sem conhecer Itália alguma, falante de seu dialeto específico, crente de que o mundo se encerrava no horizonte limitado de sua capela. Conhecia o coletor de impostos, o policial, o juiz local, o tribunal de justiça: a sua Itália. Ainda assim, esse indivíduo, muitos milhões de indivíduos como ele, superaram essa situação particularista, formaram uma unidade social, passaram a se sentir cidadãos, colaboradores de uma vida que saía do horizonte da capela, que se estendia para cantos cada

---

[4]   O Reino da Itália foi proclamado em 1861, a partir do Reino da Sardenha, cuja capital era Turim, após a anexação mediante plebiscito dos territórios da Lombardia, das Províncias Unidas da Itália Central, Marca e Úmbria, bem como do Reino das duas Sicílias, depois da vitória franco-piemontesa na Segunda Guerra de Independência Italiana (1859) e da expedição de Garibaldi contra o Reino das duas Sicílias, no sul (1860).

vez mais longínquos do mundo, ao mundo todo. Sentiram a solidariedade com os outros homens, aprenderam a analisar os outros homens e, além do dialeto, aprenderam a língua italiana, pois na Itália surgia, e esses homens haviam contribuído para tal, um organismo social novo, do qual eles se sentiam parte e por meio do qual participavam da vida do mundo, da história mundial.

Sentiram-se homens. Ressuscitaram do desespero e da abjeção: descobriram em si o homem, o criador da vida. O início do século XX marca, para a Itália, um novo Renascimento, o Renascimento de sua plebe, dos estratos mais humildes da humanidade italiana, a entrada na vida social, na luta política, na vida do mundo, dos milhões de novos cidadãos operosos, sinceros, confiantes da própria energia. O povo italiano se organizou, aceitou uma disciplina, em seu coração e cérebro emergiu um sentimento, uma ideia nova. A Itália se tornou uma unidade política porque uma parte do seu povo foi unificada ao redor de uma ideia, de um programa único. Essa ideia, esse programa foi produzido pelo socialismo e só por ele[5]. Ele fez com que um camponês da Apúlia e um operário do Biellese falassem a mesma língua e conseguissem, assim tão distantes, expressar-se de maneira similar diante de um mesmo fato, analisar de maneira igual um acontecimento, um homem. Que ideia é essa, capaz de produzir tal resultado na Itália? Existem duas cidades na Itália nas quais o Partido Liberal possa apresentar ideias iguais, um programa vencedor único? O Partido Liberal pulverizou a Itália.

---

[5] Em 1892 foi fundado o Partito dei Lavoratori Italiani [Partido dos Trabalhadores Italianos], o qual assume o nome de Partido Socialista Italiano em 1895. Seu jornal *Avanti!*, com o qual Gramsci colaborava, foi criado no ano seguinte. Participou pela primeira vez das eleições parlamentares em 1895, obtendo 82.523 (6,7%) votos e quinze cadeiras. Nas eleições de 1913, obteve 902.809 (17,6%) votos, elegendo 52 deputados. Seu melhor resultado eleitoral foi em 1919, com 1.834.792 (32,3%) votos e 157 deputados.

Tornou mais aguda a separação entre Norte e Sul, com a legislação alfandegária criou um feudalismo industrial a partir do qual a Itália é feita em pedaços pelos interesses antagonistas.

O socialismo se tornou o único ideal unitário do povo italiano. O socialismo é a consciência unitária do povo italiano. Milhões de italianos são hoje homens, cidadãos, porque existe uma ideia, o socialismo, que os movimenta, os faz pensar, os tira do desespero e da condição abjeta. O Partido Socialista é a imagem sensível dessa unidade, dessa consciência, desse novo mundo. A temporada de caça está aberta contra o Partido Socialista, contra os socialistas. Querem, para o triunfo jacobino de um instante, destruir toda uma história, cancelar toda uma consciência, desincrustar as ideias, os sentimentos. Todos falaram, todos estão de acordo. Por um instante de triunfo, para ter a ilusão de possuir nas mãos o destino de 35 milhões de homens, para o gozo sádico do ditador da opinião pública, destroem, desorientam e desmontam a história do povo italiano.

A caça está aberta. Sigam em frente, aproveitem a força do Estado para avançar. Não é o socialismo que vocês abaterão. Vão abater um, dois, três, mil indivíduos, ofuscarão a humanidade, devolverão à condição de indignidade milhares de recém-chegados a uma condição digna. Vocês pulverizarão a unidade social do proletariado italiano, mas serão escravizados também, pois a sua liberdade como cidadãos diante do Estado depende da existência de uma força antagonista. É melhor conter as expectativas, pois a Itália só possui alguma liberdade porque nela existe um proletariado forte e unido.

São vocês que bloqueiam, que escravizam. Vocês são estranhos à história italiana, a que não está escrita nos livros, mas que é maior, mais rica do que a dos livros. Não existe entre vocês e o povo italiano qualquer vínculo de solidariedade, nem mesmo aquele que existe entre homens apenas por serem humanos. Pois vocês querem sequestrar do povo, de milhões de pessoas, a luz dos olhos, que ilumina o mundo do povo, que é hoje a única razão pela qual se sentem homens, pela qual acreditam em uma vida digna de ser vivida.

17. KIÉRIENSKI-TCHERNOV[1]

A Revolução Russa está para entrar em uma de suas fases conclusivas, a mais importante de suas fases conclusivas, pois será a primeira, aquela que mostrará a força efetiva dos revolucionários socialistas em contraste com a força dos revolucionários burgueses. O equilíbrio estabelecido sobre a base das liberdades políticas, a proclamação dos direitos do homem, será rompido. Kiérienski, até aqui a promessa viva desse equilíbrio, exauriu sua tarefa e, superado pelos acontecimentos, é hoje inútil diante da força e consciência conquistadas pela organização proletária. O proletariado realizou a Revolução Russa, mas inicialmente não conseguia dominá-la. Não podia criar os órgãos técnicos necessários para a vida do país, não havia produzido em seu interior um número suficiente de indivíduos de completa confiança aos quais pudesse incumbir os poderes responsáveis. O proletariado era débil diante de sua enorme potência: não conhecia toda a sua força, não a usava racionalmente. Era ainda um enxame de indivíduos isolados que não se entendiam entre si, não se organizavam espiritualmente ao redor de uma ideia clara e concreta, tampouco se organizavam materialmente em torno de um programa de ação claro e concreto.

Em um primeiro momento, a revolução teve um escopo efetivo: conquistar a liberdade de pensar e agir e, em seguida, reforçá-la

---

[1] *Il Grido del Popolo*, a. XXII, n. 688, 29 set. 1917, p. 1.

para garantir que não fosse perdida. Conquistada, a liberdade é hoje um meio para outras realizações. Antes, elas eram necessariamente veleidades, desejos vagos. Apenas para poucos eram vontades ardentes, decisivas. Foi preciso que se tornassem vontade ardente, decisiva, em todo o proletariado. Sete meses de liberdade, de discussão, de propaganda, permitiram ao proletariado russo reconhecer a si mesmo, organizar-se, fixar uma nova etapa a ser alcançada imediatamente. Sete meses de absoluta liberdade, nos quais a vida seguiu, assim como o trabalho e as dificuldades do cotidiano. Para que fosse possível viver, trabalhar, produzir, sem convulsões diárias, sem os acampamentos nas praças, foi preciso construir um compromisso. Kiérienski era a hipoteca desse compromisso. Entre as forças obscuras da reação tsarista e a ameaça da permanente agitação popular, caótica e fragmentária, a burguesia capitalista precisou aceitar o controle das organizações proletárias existentes, precisou renunciar a qualquer tentativa violenta de impor uma ditadura própria. Quando tentou, aliás, fracassou e terminou por acelerar ainda mais os acontecimentos. O trabalho de propaganda, de organização, realizado sob ardente estímulo dos maximalistas, produziu seus efeitos. Uma estrutura de apoio havia sido criada no mundo operário. O caos havia se transformado em cosmos, disciplina consciente, consciência coletiva atenta das próprias forças e da própria missão. Os maximalistas russos se converteram na maioria, em muitas cidades, e seguem se convertendo em toda a Rússia. A obra revolucionária se esclarece e concretiza. O compromisso é superado, bem como o homem que era obstáculo para tal superação. Não é mais suficiente a pura e simples liberdade jurídica, liberdade de discussão e propaganda. É preciso uma outra liberdade, a liberdade de ação, liberdade para iniciar concretamente a transformação do mundo econômico e social da velha Rússia tsarista. O compromisso com a burguesia não é mais útil, não é mais necessário, é um constrangimento. Mesmo Kiérienski é um constrangimento. O outro homem surgiu em seguida e em contraste a ele: Tchernov[2]. O maximalismo russo encontrou seu líder. Lênin era o mestre da vida, o agitador de consciências, o despertador de almas dormentes. Tchernov é o realizador, o homem que possui um programa concreto para realizar, um programa inteiramente socialista, que não admite colaborações, que não pode ser aceito pelos burgueses, pois subverte o princípio da propriedade privada, porque inicia finalmente a revolução social, a entrada na história do mundo do socialismo coletivista.

A fase mais perigosa da Revolução Russa se encerra neste momento. O homem ao qual a revolução havia confiado o máximo dos poderes, o homem mais representativo da primeira revolução, está para ser reabsorvido, voltar à sua condição própria para não representar senão a si mesmo e a própria tendência de opinião, e o proletariado russo, agora mais forte, disciplinado, consciente, deverá sucedê-lo. Uma coletividade sobe ao trono de toda a Rússia.

---

[2] Na imprensa socialista italiana, Tchernov era nome de destaque. Isso se deveu, em parte, à atividade jornalística na Itália do emigrado russo e socialista revolucionário Vassili Suchomlin, que assinava com o pseudônimo de Junior. Sobre o projeto de reforma agrária de Tchernov, o jornal *Avanti!* havia publicado poucos dias antes um artigo sobre o tema. Ver "Ing. [Mikhail Vodovozov]. Cernoff e la riforma agraria", *Avanti!*, a. XXI, n. 249, 8 set. 1917, p. 1. Gramsci criticaria, mais tarde, a divulgação das ideias de Tchernov pelo *Avanti!*. Ver Antonio Gramsci, "Nel paese di Pulcinella", *L'ordine Nuovo*, a. II, n. 16, 2 out. 1920, p. 696-8.

18. A SITUAÇÃO POLÍTICA NA RÚSSIA[1]

Nenhuma notícia precisa sobre os últimos acontecimentos da Revolução Russa[2]. É provável que não seja possível obter uma notícia precisa por um tempo ainda. *Il Grido del Popolo* previu, e era fácil prever, que a revolução não poderia ser interrompida na fase Kiérienski. A revolução continua, e continuará. Evidentemente, não era possível que em um país grande como a Rússia um novo regime fosse instaurado em poucas semanas. A revolução burguesa da França levou quatro anos para encontrar em Napoleão a figura representativa dos interesses imperialistas da classe revolucionária, o legislador do novo regime, que consolidou as instituições que substituiriam definitivamente (por um período histórico) as instituições feudais. Esperamos que na Rússia não seja necessário tanto tempo: mas não temos ilusões a respeito de uma conquista definitiva do poder pelos socialistas em curto prazo. As forças reacionárias também se organizam e tentarão resistir à submersão na maré proletária.

Publicamos, por ora, o artigo do companheiro Souvarine que oferece notícias precisas (algumas já superadas) sobre certos

---

[1] *Il Grido del Popolo*, a. XXII, n. 696, 24 nov. 1917, p. 1.

[2] Depois da tomada do poder pelos sovietes sob a liderança dos bolcheviques, em 25 de outubro de 1917 (7 de novembro no calendário gregoriano), as informações confiáveis tornaram-se escassas na imprensa italiana.

aspectos da Revolução Russa que não encontraram ilustração em nossos jornais[3].

---

[3] Trata-se do artigo de Boris Souvarine (1895-1984), socialista ucraniano radicado na França, publicado em Paris no dia 10 de novembro. Ver Boris Souvarine, "La situation politique en Russie. Quelques importants renseignements donnés par Roubanovitch", *Le Populaire*, 10 nov. 1917. O artigo resumia uma entrevista com Ilya Alfonsovich Rubanovich (1859-1920), membro do Partido Socialista Revolucionário Russo e representante deste na Internacional Socialista. Na entrevista, Rubanovich criticava severamente os bolcheviques e defendia Kiérienski.

19. A REVOLUÇÃO CONTRA *O CAPITAL*[1]

[A revolução dos bolcheviques foi introduzida de maneira definitiva na revolução geral do povo russo. Os maximalistas que eram, até dois meses atrás, o fermento necessário para que os acontecimentos não estagnassem, para que a corrida ao futuro não fosse interrompida e desse lugar a uma forma permanente de ajustamento – o que seria uma solução burguesa –, apoderaram-se do poder, estabeleceram sua ditadura e elaboram hoje as formas socialistas às quais a revolução deverá se adaptar para continuar seu desenvolvimento harmônico, sem maiores choques e partindo das grandes conquistas já realizadas.

A revolução dos bolcheviques se materializa por ideologias, mais que por meio de fatos. (Por isso, no fundo, não importa tanto saber mais do que já sabemos.) Essa é a revolução contra *O capital* de Karl Marx. Na Rússia, *O capital* de Marx era o livro dos burgueses, mais que dos proletários. Era a demonstração crítica da necessidade fatal de formação de uma burguesia na Rússia, de realização de uma era capitalista e instauração de uma civilização ocidental antes que o proletariado pudesse pensar em sua desforra, suas reivindicações de classe, sua revolução. Os fatos superaram as ideologias. Os fatos

---

[1] *Il Grido del Popolo*, a. XXII, n. 697, 1º dez. 1917 (artigo completamente censurado); *Avanti!*, ed. romana, a. XXI, n. 356, 22 dez. 1917, p. 2 (assinado A. G.); *Il Grido del Popolo*, a. XXIII, n. 702, 5 jan. 1918, p. 1 (assinado A. G.).

88 | ODEIO OS INDIFERENTES

explodiram os esquemas críticos nos quais a história da Rússia deveria se desenvolver segundo os cânones do materialismo histórico. Os bolcheviques renegam Karl Marx e afirmam com o testemunho da ação explícita e das conquistas realizadas que os cânones do materialismo histórico não são tão férreos como se poderia pensar e como de fato se pensou.

Ainda assim, existem determinações nesses acontecimentos, e, se os bolcheviques renegam algumas afirmações de *O capital*, não rejeitam seu pensamento imanente, vivificador. Eles não são marxistas, é isso; não compilaram a partir das obras do mestre uma pequena doutrina exterior feita de afirmações dogmáticas e indiscutíveis. Vivem o pensamento marxista, aquele que não morre, que é a continuação do pensamento idealista italiano e alemão, e que no próprio Marx acabou por ser contaminado por incrustações positivistas e naturalistas. E esse pensamento põe sempre como fator máximo de história não os fatos econômicos brutos, mas o homem, a sociedade dos homens, daqueles que se aproximam, se entendem entre si e, por meio desses contatos (civilização), desenvolvem uma vontade social, coletiva, compreendem os fatos econômicos e os julgam, e os adequam à própria vontade que, por sua vez, se converte em motor da economia, plasmadora da realidade objetiva, que vive e se move, que conquista caráter de matéria telúrica em ebulição, e que pode ser canalizada de acordo com a vontade, como a vontade quiser.

Marx previu o que era previsível. Não poderia prever a guerra europeia, ou melhor, não poderia prever que essa guerra teria tido a duração e os efeitos que teve. Não poderia prever que essa guerra, em três anos de sofrimentos indescritíveis, suscitaria na Rússia a vontade coletiva popular que suscitou. A formação de uma vontade de tal monta *normalmente* exige um longo processo de infiltrações capilares, uma longa série de experiências de classe. Os homens são preguiçosos, sua necessidade de organização é, inicialmente, exterior, em corporações e ligas, e depois, mais intimamente, no pensamento, nas vontades, devido a uma incessante continuidade e multiplicidade de estímulos externos. Por isso *normalmente* os cânones da crítica histórica do marxismo capturam a realidade e a induzem de maneira linear, evidente e distinta. *Normalmente* é por meio da luta de classes, sempre mais intensificada, que as duas classes do mundo capitalista criam a história. O proletariado sente sua miséria, seu estado permanente de mal-estar, e pressiona a burguesia por melhorias das próprias condições. Luta, obriga a burguesia a melhorar a técnica da produção, a tornar a produção mais útil para que seja possível a satisfação das suas necessidades mais urgentes. É uma corrida implacável no sentido do melhor, que acelera o ritmo da produção, que incrementa continuamente a soma dos bens que servem à coletividade. Nessa corrida, muitos caem, tornando mais pungente o ímpeto dos sobreviventes, e a massa vivendo sempre em sobressalto, do povo-caos se torna cada vez mais pensamento ordenado, sempre mais consciente da própria potência, da própria capacidade para assumir a responsabilidade social, de tornar-se o árbitro do próprio destino.

Isso normalmente. Quando os fatos se repetem com certo ritmo. Quando a história se desenvolve por situações cada vez mais complexas e ricas de significado e valor, mas ainda assim similares. Mas na Rússia a guerra despertou as vontades. Estas, por meio dos sofrimentos acumulados em três anos, encontraram muito rapidamente uma forma uníssona. A carestia era imanente, a fome, a morte pela fome que ameaçava a todos, causando, de um só golpe, a morte de dezenas de milhões de pessoas. As vontades se enfileiraram em uníssono, inicialmente de maneira mecânica – mas, depois da primeira revolução, de maneira ativa e subjetiva.

A pregação socialista colocou o povo russo em contato com outros proletariados. Ela realiza a vivência dramática instantânea da história do proletariado, de suas lutas contra o capitalismo e a longa série de esforços necessários para a emancipação dos vínculos do servilismo que o mantinham em condição abjeta, para a conquista de uma consciência nova, testemunho atual de um mundo por vir. A pregação socialista criou a vontade social do povo russo. Por que deveria esperar que a história da Inglaterra fosse revivida na Rússia, que ali se formasse uma burguesia, que a luta de classes fosse suscitada, para que pudesse nascer uma consciência de classe e, com ela, a catástrofe do mundo capitalista? O povo russo vivenciou em seu pensamento todas essas experiências, mesmo que fosse o pensamento de uma minoria. Superou, portanto, todas elas. Serve-se delas para se impor hoje, assim como se servirá das experiências capitalistas ocidentais para colocar-se, em breve, à altura da produção do mundo ocidental. A América do Norte é capitalisticamente mais avançada que a Inglaterra, porque na América do Norte os anglo-saxões partiram imediatamente do ponto ao qual a Inglaterra havia chegado depois de longa evolução. O proletariado russo, educado de forma socialista, começará sua história do ponto máximo da produção ao qual chegou a Inglaterra dos dias atuais, porque, precisando começar, o fará a partir do que já foi feito em outros lugares, e dessa plenitude receberá o impulso para alcançar a maturidade econômica que, segundo Marx, é condição necessária para o coletivismo. Os revolucionários criarão, eles mesmos, as condições necessárias para a realização *completa e plena* do seu ideal. O farão em menos tempo do que o que foi necessário ao capitalismo. As críticas que os socialistas realizaram ao sistema burguês, para revelar suas imperfeições, a dissipação de riquezas, servirão aos revolucionários para fazer melhor, para evitar tal dissipação e não cair naquelas deficiências. Será, inicialmente, a coletivização da miséria, do sofrimento. Mas as mesmas condições de miséria e sofrimento seriam herdadas por um regime burguês. O capitalismo não poderia realizar *subitamente* na Rússia mais do que poderá fazer o coletivismo. Faria, aliás, muito menos, pois enfrentaria *subitamente* um proletariado descontente, frenético, incapaz de suportar mais as dores e o amargor que o mal-estar econômico produz. Mesmo de um ponto de vista absoluto, humano, o socialismo imediato se justifica na Rússia. O sofrimento que virá depois da paz poderá ser suportado enquanto os proletários sentirem que essa se orienta conforme sua vontade, em seu engajamento tenaz no trabalho de supressão o mais rápido possível do sofrimento.

Existe a impressão de que os maximalistas são hoje a expressão espontânea, *biologicamente* necessária, para que a humanidade russa não sofra um desastre ainda mais horrível, para que a humanidade russa, engajada no trabalho gigantesco, autônomo, de sua regeneração, possa deixar de sentir os impulsos do lobo faminto, e a Rússia possa evitar uma carnificina enorme, selvagem e cruel.]

20. INTRANSIGÊNCIA-TOLERÂNCIA, INTOLERÂNCIA-TRANSIGÊNCIA[1]

Intransigência é não permitir o uso de meios inadequados e de natureza diversa ao fim que se quer atingir.

A intransigência é o predicado necessário do caráter. Ela é a única prova de que determinada coletividade existe como organismo social vivo, ou seja, possui um fim, uma vontade única, um pensamento maduro. Porque a intransigência exige que cada parte singular esteja em coerência com o todo, que cada momento da vida social seja harmonicamente preestabelecido, que tudo tenha sido pensado. Exige, portanto, a existência de princípios gerais claros e distintos, e que tudo o que é feito dependa necessariamente deles.

Assim, para que um organismo social possa ser disciplinado de maneira intransigente, é necessário que exista uma vontade (um fim) e que o fim seja racional, verdadeiro, não uma ilusão. E mais: é preciso que todos os componentes singulares do organismo estejam persuadidos da racionalidade desse fim para que ninguém possa descuidar da disciplina em relação a ele. Os que desejam a observância da disciplina, além do mais, podem demandá-la como cumprimento de uma obrigação livremente estabelecida, uma obrigação fixada e seguida até pelo mais recalcitrante.

---

[1] *Il Grido del Popolo*, a. XXII, n. 698, 8 dez. 1917, p. 1 (assinado A. G.).

Dessas primeiras observações resulta que a intransigência na ação possui como pressuposto natural e necessário a tolerância na discussão que precede a deliberação.

As deliberações estabelecidas coletivamente devem ser racionais. A razão pode ser interpretada por uma coletividade? Certamente o único delibera (encontra a razão, a verdade) mais rápido que uma coletividade[2]. Por que o único pode ser escolhido entre os mais capazes, entre os mais bem preparados para interpretar a razão, enquanto a coletividade é composta por elementos diversos, preparados em graus diferentes para compreender a verdade, desenvolver a lógica de um fim, fixar os diferentes momentos pelos quais é preciso passar para o alcance do próprio objetivo. Tudo isso é verdade, mas é também verdade que o único pode se transformar em tirano ou ser visto como um, e a disciplina por ele imposta pode se desagregar, pois a coletividade a recusa, ou não compreende a utilidade da ação, enquanto a disciplina fixada pela própria coletividade aos seus membros, mesmo que tardia em sua aplicação, dificilmente fracassa em sua efetividade[3].

Os componentes de uma coletividade devem, portanto, entrar em acordo entre si, discutir entre si. Essa deve, por meio da

---

[2] Embora o "único" aqui remeta indiscutivelmente à obra de Max Stirner *Der Einzige und sein Eigentum* (*L'unico*, trad. Ettore Zoccoli, Turim, Fratelli Bocca, 1902), o tema da concentração do poder deliberativo no vértice dos partidos políticos foi abordado de maneira extensa por Roberto Michels em *Zur Soziologie des Parteiwesens in der modernen Demokratie*, de 1911. Ver Roberto Michels, *La sociologia del partito politico nella democrazia moderna: studi sulle tendenze oligarchiche degli aggregati politici* (trad. Alfredo Polledro, ed. revista e ampliada, Turim, Unione Tipografico-Editrice Torinese, 1912) [ed. bras.: *Sociologia dos partidos políticos*, trad. Arthur Chaudon, Brasília, Editora da UnB, 1981].

[3] Michels alertou que a dominação dos líderes nos partidos assumia frequentemente características que "beiram a tirania". Ver Roberto Michels, *La sociologia del partito politico nella democrazia moderna*, cit., p. 425.

discussão, realizar uma fusão dos ânimos e das vontades. Os elementos singulares de verdade que cada um carrega devem ser sintetizados em uma *verdade* complexa e ser a expressão integral da *razão*. Para que isso aconteça, para que a discussão seja exaustiva e sincera, é preciso a máxima tolerância. Todos devem estar convencidos daquela verdade e da necessidade absoluta de sua implementação. No momento da ação, todos devem concordar e apoiar, pois no fluir da discussão um acordo tácito foi-se formando, e todos se tornaram responsáveis pelo fracasso. É possível ser intransigente na ação apenas se na discussão existiu tolerância, se os mais preparados ajudaram os menos preparados a acolher a verdade e as experiências singulares foram compartilhadas, se todos os aspectos do problema foram examinados e nenhuma ilusão foi alimentada.

[Os homens estão prontos para agir quando estão convencidos de que nada foi ocultado deles, de que não foi criada nenhuma ilusão, voluntária ou involuntariamente. Quando, sendo necessário algum sacrifício, eles sabem de antemão que este pode ser necessário. Quando, sabendo das boas possibilidades do sucesso de sua ação, conhecem os cálculos exatos das probabilidades de sucesso e insucesso, entre os quais reconhecem os bons números do primeiro. Por outro lado, sabendo das chances maiores de fracasso, reconhecem essa probabilidade presente amplamente na atividade crítica que é desenvolvida em comum, sem subterfúgios, sem imposições, inquietações não desenvolvidas ou chantagens morais.]

Naturalmente, essa tolerância – método de discussão entre homens que estão fundamentalmente de acordo e devem encontrar coerência entre os princípios comuns e a ação que deverão desenvolver em comum – não tem a ver com a tolerância entendida vulgarmente. Nenhuma tolerância com o erro ou o despropósito. Não é possível ser tolerante quando se está convencido de que alguém insiste no erro e foge da discussão, se recusa a discutir e sustentar, afirmando que todos têm o direito de pensar como quiserem. Liberdade de pensamento não significa liberdade de errar e vacilar. Nós somos contra a intolerância que é combinação de autoritarismo e idolatria, pois ela impede qualquer acordo durável, impede que sejam fixadas as regras para a ação moralmente obrigatória, as quais só podem existir com a participação livre de todos. Essa forma de intolerância leva, necessariamente, à transigência, à incerteza, à dissolução dos organismos sociais. [Quem não pode ser convencido de uma verdade, quem não pode se libertar de uma imagem falsa, quem não recebeu ajuda para compreender a necessidade de uma ação cederá diante da primeira dificuldade brusca para realizar seus deveres, a disciplina não será mantida e a ação fracassará.]

Por isso fizemos estas aproximações: intransigência-tolerância, intolerância-transigência.

21. POR UMA ASSOCIAÇÃO DE CULTURA[1]

> *Pessoalmente e também em nome de muitos outros, ratifico a proposta do companheiro Pellegrino de criação de uma Associação de cultura entre os companheiros em Turim[2].*
>
> *Acredito que, apesar do momento pouco favorável, essa proposta possa ser bem efetivada. São muitos os companheiros que, por imaturidade de suas convicções e intolerância ao necessário trabalho cotidiano que é preciso desenvolver, se afastaram das organizações e se deixaram levar por divertimentos. Na Associação, encontrariam uma satisfação para suas necessidades instintivas, um lugar de descanso e de formação que os aproximaria do movimento político, do nosso ideal.*
>
> *Essa iniciativa, a qual todos os companheiros apoiariam, poderia ser uma solução também para o problema dos companheiros registrados em seções distantes, nunca resolvido devido à dificuldade de encontrar um campo de interesse comum no qual possam desenvolver sua atividade.*
>
> Bartolomeo Botto

***

O *Avanti!* de Turim recebeu com simpatia a proposta de Pellegrino, bem como as adesões que ela suscitou. Consideramos oportuno desenvolver e apresentar aos companheiros, de maneira organizada, os elementos de grande interesse que Botto apresenta nessa carta.

Em Turim, falta qualquer organização de cultura popular. Sobre a Universidade Popular é melhor não falar: essa nunca es-

---

[1] *Avanti!*, a. XXII, n. 350, 18 dez. 1917.

[2] Ver Michelle Pellegrino, "Per la coltura operaia", *Avanti!*, 13 dez. 1917. Não há informações biográficas disponíveis sobre Michelle Pellegrino e Bartolomeo Botto.

teve viva, nunca teve uma função que correspondesse a uma necessidade[3]. É de origem burguesa e responde a um critério vago e confuso de humanitarismo espiritual: possui a mesma eficácia das organizações de beneficência, que acreditam que com um prato de sopa podem satisfazer as necessidades fisiológicas dos desgraçados que não podem se alimentar e despertam a piedade no tenro coração dos seus senhores.

A Associação de cultura que os socialistas têm de promover deve possuir escopos de classe e limites de classe. Deve ser uma instituição proletária, com finalidades explícitas. O proletariado, em certo momento de seu desenvolvimento e história, percebeu que a complexidade de sua vida exige um órgão necessário e o cria com suas forças, com sua boa vontade, para seus próprios fins.

Em Turim, o proletariado alcançou um ponto de desenvolvimento que é dos mais altos, senão o mais elevado da Itália. A seção socialista, em sua atividade política, alcançou uma individualidade distinta de classe; as organizações econômicas são fortes, por meio da cooperação foi possível criar uma instituição forte como a Aliança Cooperativa. Em Turim, portanto, compreende-se o nascimento e a necessidade sentida de integrar a atividade política e econômica com um organismo de atividade cultural.

---

[3] As universidades populares eram iniciativas de formação cultural voltadas às classes trabalhadoras. Na Itália se difundiram a partir da virada do século por iniciativa do socialista Luigi Molinari (1866-1918). Em sua juventude, Gramsci alimentou um juízo negativo sobre a experiência: "Em Turim, a Universidade Popular é uma chama fria. Não é nem universidade nem popular. Seus dirigentes são diletantes em matéria de organização da cultura", Antonio Gramsci, "L'Università Popolare", *Avanti!*, a. XX, n. 355, 29 dez. 1916, CF, p. 673-6. Nos *Quaderni,* expressará um juízo mais matizado: "No entanto, esses movimentos foram dignos de interesse e mereciam ser estudados; eles tiveram fortuna no sentido de mostrar um entusiasmo sincero por parte dos 'simples' e uma forte vontade de ascender a uma forma superior de cultura e visão de mundo. Faltava, no entanto, neles toda organicidade, tanto do pensamento filosófico quanto da solidez organizacional e da centralização cultural" (Q 11, §12).

A necessidade de integração nascerá e deverá se impor também em outras partes da Itália. E o movimento proletário a realizará de maneira compacta e energética.

Uma das mais graves lacunas da nossa atividade é a seguinte: nós esperamos a situação imediata para discutir os problemas e para fixar as diretivas da nossa ação. Pressionados pela urgência, oferecemos aos problemas soluções apressadas, no sentido de que nem todos os que participam do movimento se apoderam dos termos exatos das questões e assim seguem, por espírito de disciplina e por confiança que nutrem pelos dirigentes, uma diretriz fixada; mais que por uma convicção íntima, por uma espontaneidade racional. É por esse motivo que, em todo momento histórico importante, sofremos com os desequilíbrios, os abrandamentos, as brigas internas, as questões pessoais. Isso explica também os fenômenos de idolatria, que são um contrassenso em nosso movimento e fazem com que volte pela janela o autoritarismo que expulsamos pela porta.

Não está difundida a convicção acabada. Não existe qualquer preparação de base que permita a deliberação rápida a todo momento, que permita acordos imediatos, efetivos, profundos e que reforcem a ação.

A Associação de cultura deveria organizar essa preparação, criar essas convicções. Desinteressadamente, ou seja, sem esperar o estímulo imediato, deveria discutir tudo o que interessa ou pode interessar um dia ao movimento proletário.

Além disso, existem problemas filosóficos, religiosos, morais que a ação política e econômica pressupõe, sem que os organismos econômicos e políticos possam, por si só, discutir e propor soluções próprias. Esses problemas são de grande importância. São eles que determinam as chamadas crises espirituais, que produzem de quando em quando os chamados "casos". O socialismo é uma visão integral da vida: possui uma filosofia, uma mística, uma moral. A Associação seria o lugar da discussão desses problemas, de seu esclarecimento, de sua propagação.

Com ela, seria resolvida em grande medida a questão dos "intelectuais". Os intelectuais representam um peso morto em nosso movimento porque não possuem em seu interior um papel específico, adequado à sua capacidade. Encontrando esse papel, seria colocado à prova o seu intelectualismo, bem como a sua inteligência.

Realizando esse instituto de cultura, os socialistas golpeariam em cheio a mentalidade dogmática e intolerante fomentada no povo italiano pela educação católica e jesuíta. Falta no povo italiano o espírito de solidariedade desinteressada, o amor pela livre discussão, o desejo de pesquisar a verdade com meios unicamente humanos, ou seja, com a razão e a inteligência. Os socialistas ofereceriam um exemplo ativo e prático, contribuiriam fortemente para suscitar um novo costume, mais livre e desinteressado que o atual, mais disposto à aceitação dos seus princípios e dos seus fins. Na Inglaterra e na Alemanha, existiam e existem associações poderosas de cultura proletária e socialista. Na Inglaterra, é especialmente conhecida a Sociedade Fabiana, que aderia à Internacional[4]. Ela possui como tarefa a discussão profunda e disseminada dos problemas econômicos e morais que a vida impõe ou deverá em algum momento impor ao proletariado, e conseguiu colocar a serviço dessa atividade

---

[4] A Fabian Society [Sociedade Fabiana] foi fundada em Londres no ano de 1884. Dela participaram intelectuais como Sidney (1859-1947) e Beatrice Webb (1858-1943), George Bernard Shaw (1856-1950) e, mais tarde, G. D. H. Cole (1889-1959). Em 1891 a Sociedade Fabiana se tornou parte da Internacional Socialista.

civilizatória e de liberação dos espíritos uma grande parte do mundo intelectual e universitário inglês.

Em Turim, devido ao ambiente e à maturidade do proletariado, seria possível e necessário criar um primeiro núcleo de organização de cultura puramente socialista e classista, para ser, ao lado do partido e da Confederação do Trabalho, o terceiro organismo do movimento de reivindicações da classe trabalhadora italiana.

CRONOLOGIA – VIDA E OBRA

Vida de Gramsci	Eventos históricos
1891	
Em 2 de janeiro, nasce Antonio Gramsci na cidade de Ales, província de Cagliari, na Sardenha. O pai, Francesco Gramsci, nascido em Gaeta, na região do Lazio, era funcionário de cartório. Sua mãe, Giuseppina Marcias, era natural de Ghilarza, na Sardenha.	Em maio, Giuseppe De Felice Giuffrida funda o primeiro Fascio Siciliani dei Lavoratori [Agrupamento siciliano dos trabalhadores], movimento de inspiração libertária e socialista. No mesmo mês, o papa Leão XIII proclama a encíclica *Rerum novarum* a respeito das relações entre capital e trabalho.
	Em 24 de fevereiro, é promulgada a primeira Constituição da história do Brasil depois da Proclamação da República.
1898	
O pai de Gramsci é acusado de irregularidade administrativa, afastado do emprego e preso. A mãe, com os sete filhos, se transfere para Ghilarza, onde Gramsci frequenta a escola elementar.	Em 13 de janeiro, Émile Zola publica sua carta aberta *J'Accuse*, a respeito do Caso Dreyfus.
	Em 1º de março, é criado o Partido Operário Social-Democrata Russo (POSDR).
1903	
Com onze anos de idade, depois de concluir o ensino elementar, começa a trabalhar no cartório de Ghilarza.	Em julho-agosto, ocorre o 2º Congresso do POSDR. Em novembro o partido se divide em duas alas: a maioria (bolcheviques) e a minoria (mencheviques).

Vida de Gramsci	Eventos históricos
1905-1908	
Retoma os estudos e conclui os últimos três anos do ensino fundamental na cidade de Santu Lussurgiu, perto de Ghilarza. Começa a ler a imprensa socialista. Em 1908, inicia o ensino médio em Cagliari, no liceu clássico Giovanni Maria Dettori. Vive com o irmão Gennaro, que trabalha em uma fábrica de gelo e é membro do Partido Socialista Italiano (PSI).	Em 9 de janeiro (22 de janeiro no calendário gregoriano), as tropas do tsar reprimem violentamente uma manifestação de trabalhadores, dando início a uma revolução na Rússia.
1910	
Publica seu primeiro artigo no jornal *L'Unione Sarda*, de Cagliari.	Em 20 de novembro, tem início a Revolução Mexicana.
1911	
Termina o ensino médio e obtém uma bolsa de estudos que lhe permite inscrever-se no curso de Filologia Moderna na Faculdade de Filosofia e Letras da Universidade de Turim. Conhece Angelo Tasca.	Em 29 de setembro, tem início a ofensiva militar italiana para a conquista da Líbia.
1912	
Conhece Palmiro Togliatti e aproxima-se dos professores Matteo Bartoli (glotologia) e Umberto Cosmo (literatura italiana). No outono, é aprovado nos exames de geografia, glotologia e gramática grega e latina.	

Vida de Gramsci	Eventos históricos

1913

Em 5 de fevereiro, com o pseudônimo Alfa Gamma, publica o artigo "Pela verdade", no *Corriere Universitario*. Em outubro, adere ao Grupo de Ação e Propaganda Antiprotecionista em Ghilarza e acompanha a campanha eleitoral na Sardenha. Inscreve-se na seção turinesa do PSI. Sua saúde precária o impede de prestar os exames na universidade.

1914

Em março e abril, presta os exames de filosofia moral, história moderna e literatura grega. É leitor de *La Voce*, revista de Giuseppe Prezzolini, e de *L'Unità*, de Gaetano Salvemini. Planeja fundar uma revista socialista. Publica "Neutralidade ativa e operante", seu primeiro artigo no jornal *Il Grido del Popolo*, em 31 de outubro, defendendo uma orientação política próxima à do então socialista Benito Mussolini. O artigo recebe fortes críticas e Gramsci suspende sua colaboração com a imprensa socialista. Em novembro, presta o exame de línguas neolatinas.	Depois do assassinato de três manifestantes antiguerra na cidade de Ancona, tem lugar uma insurreição popular que chega até Turim, conhecida como a "Semana Vermelha" (7 a 14 de junho). A Confederação Geral do Trabalho convoca uma greve geral, que dura dois dias. Em 28 de junho, é assassinado em Sarajevo o arquiduque Francisco Fernando, herdeiro do trono do Império Austro-Húngaro. No dia 28 de julho, ocorre a invasão austro-húngara da Sérvia. Tem início a Primeira Guerra Mundial. A Itália permanece neutra no conflito. Em 4 de agosto, o Partido Social-Democrata Alemão, contrariando as resoluções antimilitaristas do movimento socialista, vota favoravelmente aos créditos de guerra. O episódio marca o que Lênin denominou a "falência da Segunda Internacional".

Vida de Gramsci	Eventos históricos
	Em 18 de outubro, Mussolini publica no *Avanti!* o artigo "Da neutralidade absoluta à neutralidade ativa e operante", no qual defende a entrada da Itália na guerra. Em 15 de novembro, funda o jornal *Il Popolo d'Italia* e, em 29 de novembro, é expulso do PSI.
1915 Presta em abril seu último exame na faculdade (literatura italiana), abandonando o curso sem obter o título. Em outubro, volta a publicar no jornal *Il Grido del Popolo*. Em dezembro, começa a colaborar com a edição turinesa do jornal *Avanti!*.	A Itália entra na guerra ao lado da França, Inglaterra e Rússia. Uma forte campanha antigermânica tem lugar na Itália.
1917 Em fevereiro, redige sozinho e publica o número único do jornal *La Città Futura*, órgão da Federação Socialista Juvenil do Piemonte. Em outubro, após a prisão de seus companheiros, torna-se secretário da seção turinesa do PSI e passa a dirigir o jornal *Il Grido del Popolo*. Em novembro participa em Florença de uma reunião clandestina da fração intransigente revolucionária do PSI, à qual também comparecem o líder da corrente maximalista, Giacinto Menotti Serrati, e o dirigente dos abstencionistas, Amadeo Bordiga.	Em 23 de fevereiro (8 de março, no calendário gregoriano), tem início a Revolução Russa. Em 13 de agosto, ocorre uma grande manifestação socialista em Turim, de apoio à Revolução Russa. Dias depois, entre 23 e 26 de agosto, uma revolta contra a carestia agita a cidade. A reação é forte e um grande número de dirigentes socialistas é preso. Em 25 de outubro (7 de novembro, no calendário gregoriano), os sovietes, liderados pelos bolcheviques, conquistam o poder na Rússia. No início de novembro, o exército italiano sofre uma fragorosa derrota na Batalha de Caporetto. Mais de 250 mil italianos são

Vida de Gramsci	Eventos históricos
	aprisionados. A derrota leva à queda do governo liderado por Paolo Boselli e ao afastamento do comando do general Luigi Cadorna.

1918

Em fevereiro, é denunciado na Procuradoria real por propaganda contra a guerra. Em dezembro conhece Piero Gobetti.	Em outubro, deixa de ser publicado *Il Grido del Popolo*, substituído pela edição piemontesa do *Avanti!*.
	Em 29 de outubro, um motim de marinheiros detona a Revolução Alemã; em 9 de novembro, a República é proclamada.

1919

Em abril, desenvolve propaganda da Brigada Sassari entre os soldados sardos, enviados a Turim para reprimir os grevistas. Em 1º de maio, sai o primeiro número da revista *L'Ordine Nuovo*, com o subtítulo "*Rassegna settimanale di cultura socialista*. Gramsci é o secretário e dirige a publicação juntamente com Angelo Tasca, Palmiro Togliatti e Umberto Terracini. No mesmo mês, é eleito para a Comissão Executiva do PSI de Turim. Em julho, é preso durante uma greve de apoio às repúblicas socialistas da Rússia e da Hungria e liberado logo depois. Em outubro, conhece a socialista inglesa Sylvia Pankhurst.	Em janeiro, ocorre o levante espartaquista na Alemanha. O primeiro-ministro social-democrata autoriza as Freikorps a atacar os spartaquistas. Em 15 de janeiro, Rosa Luxemburgo e Karl Liebknecht são sequestrados e executados pelas Freikorps.
	De 2 a 6 de março, reúne-se em Moscou o Congresso de Fundação da Internacional Comunista (IC).
	Em 21 de março, é proclamada a República Soviética da Hungria, a qual duraria até o dia 1º de agosto.
	Em 23 de março, em Milão, Mussolini cria os *Fasci italiani di combattimento* [Agrupamentos italianos de combate].
	Em 12 de setembro, uma expedição liderada pelo poeta Gabriele D'Annunzio ocupa a cidade de Fiume, motivo de disputa entre a Itália e a Iugoslávia.

Vida de Gramsci	Eventos históricos
	No Congresso de Bolonha (5 a 8 de outubro), o PSI vota sua adesão à IC. Em novembro, a assembleia da Federazione Italiana Operai Metallurgici (Federação Italiana dos Operários Metalúrgicos, FIOM) aprova a criação dos conselhos operários propostos pelo jornal *L'Ordine Nuovo*.

1920

Em janeiro, cria, em Turim, o Círculo Socialista Sardo. No dia 8 de maio, publica a moção "Por uma renovação do Partido Socialista", a qual havia sido apresentada no Conselho Nacional do PSI, em abril. No mesmo mês, participa como observador da Conferência da Fração Comunista Absenteísta, liderada por Bordiga. Discorda de Togliatti e Terracini sobre questões de estratégia e cria um pequeno círculo de "Educação comunista", próximo às posições da fração abstencionista de Bordiga. Em setembro, engaja-se no movimento de ocupações de fábrica. Em novembro, participa do encontro de Ímola, que constitui oficialmente a Fração Comunista do PSI.	O 2º Congresso da IC é realizado entre 19 de julho e 7 de agosto. São aprovadas as 21 condições para a admissão na IC; Serrati se opõe. Lênin afirma que a moção escrita por Gramsci ("Por uma renovação do Partido Socialista") está "plenamente de acordo com os princípios da Internacional". Em 27 de dezembro, chega ao fim a aventura d'annunziana em Fiume.

1921

Em 1º de janeiro, é publicado em Turim o primeiro número do jornal diário *L'Ordine Nuovo*, sob a direção de Gramsci.	De 15 a 21 de janeiro, ocorre, em Livorno, o XVII Congresso do PSI. A Fração Comunista é derrotada e seus delegados decidem fundar, no dia 21, o Partido

Vida de Gramsci	Eventos históricos
No dia 14, funda o Instituto de Cultura Proletária, seção da Proletkult de Moscou. Em 21 de janeiro, é eleito para o Comitê Central do novo Partido Comunista da Itália (PCd'I), mas não para seu Executivo. Em 31 de janeiro, *L'Ordine Nuovo* começa a ser publicado com o subtítulo *"Quotidiano del Partito Comunista"*. Em 27 de fevereiro, conhece Giuseppe Prezzolini, antigo editor da influente revista *La Voce*. Em abril tenta encontrar-se com Gabriele D'Annunzio, sem sucesso. Em maio se candidata a deputado na lista do PCd'I, obtendo 48.280 votos, mas não se elege.	Comunista da Itália, seção da Internacional Comunista. Nas eleições de 15 de maio, os nacionalistas antissocialistas elegem 105 deputados, 35 dos quais fascistas, dentre eles Mussolini. De 22 de junho a 12 de julho, reúne-se o 3º Congresso da Internacional Socialista. No dia 7 de novembro, os *Fasci Italiani di combattimento* realizam seu 3º Congresso e fundam o Partito Nazionale Fascista [Partido Nacional Fascista].

1922

Participa em Roma do 2º Congresso do PCd'I, no qual a fração de Bordiga obtém ampla maioria. Gramsci é designado representante do partido no Comitê Executivo da IC, em Moscou, e parte para a cidade em 26 de maio. Em junho, começa a fazer parte do Executivo e do Presidium da IC. Em 18 de julho, durante um período de repouso no sanatório de Serebrianii Bor, conhece Eugenia Schucht. No segundo semestre, participa regularmente das reuniões do Presidium e em 1º de setembro é	Os fascistas realizam a Marcha sobre Roma em 28 de outubro. No dia seguinte, o rei Vittorio Emanuele III convoca Benito Mussolini para chefiar o governo. O 4º Congresso da Internacional Comunista, realizado nos meses de novembro e dezembro, aprova a proposta de fusão entre o PCd'I e o PSI e a tática da frente única. Os delegados do PCd'I são contrários à fusão, mas se submetem à disciplina da IC e aceitam a proposta.

Vida de Gramsci	Eventos históricos

indicado membro da Comissão sobre Questões Sul-americanas. No dia 8, escreve, a convite de Leon Trótski, uma carta sobre os futuristas italianos. Nesse mesmo mês, conhece sua futura esposa, Julia Schucht. De 5 de novembro a 5 de dezembro, participa do 4º Congresso da Internacional Comunista. Participa das reuniões que discutem a fusão com o PSI e também da comissão que analisa a adesão do Partido Comunista do Brasil.

1923

Recebe telegrama no dia 17 de janeiro, no qual é informado de que a polícia havia emitido um mandado de prisão contra ele na Itália. Em junho, é substituído por Terracini no Presidium da IC. No dia 12 de setembro, propõe, em carta ao Comitê Executivo do PCd'I, a criação de um jornal diário chamado *L'Unità*. Insiste na importância da questão meridional e na aliança entre operários e camponeses. Em novembro, Gramsci se recusa a assinar o manifesto de Bordiga contra a IC. No dia 4 de dezembro, chega a Viena com o propósito de estabelecer o contato do PCd'I com outros partidos comunistas europeus.

A polícia prende vários milhares de comunistas e dezenas de dirigentes, dentre eles Amadeo Bordiga. Em setembro, o mesmo Bordiga lança um manifesto com críticas à IC.

Em 13 de setembro, na Espanha, Primo de Rivera lidera um golpe de Estado que dissolve o Parlamento e institui uma ditadura.

Vida de Gramsci	Eventos históricos

1924

Em carta a Togliatti e Terracini, do dia 9 de janeiro, expõe sua concepção de partido e a intenção de criar um novo grupo dirigente comunista, mais alinhado com a IC. Publica em *L'Ordine Nuovo* o artigo "Líder", sobre Lênin. No dia 6 de abril, é eleito deputado pelo distrito do Vêneto, com 1.856 votos dos 32.383 que o PCd'I obtém na região. No dia 12 de maio, regressa à Itália para assumir sua cadeira de deputado. Participa da 2ª Conferência do PCd'I. Entra para o Comitê Executivo do Partido, mas o grupo liderado por Bordiga permanece majoritário. Em agosto, após a adesão dos socialistas ao partido, Gramsci assume a secretaria-geral do partido. Em Moscou, Julia dá à luz seu primeiro filho, Delio.

Em 21 de janeiro, morre Lênin.

Em 12 de fevereiro, sai o primeiro número do diário *L'Unità*. No dia 1º de março, sai o primeiro número do quinzenário *L'Ordine Nuovo. Rassegna di politica e di cultura operaria.*

Em 10 de junho, é sequestrado o deputado italiano socialista Giacomo Matteotti, depois de pronunciar um duro discurso contra o governo fascista. Seu corpo é encontrado em 16 de agosto. A oposição parlamentar se retira do Parlamento e tem início uma profunda crise política que coloca sob ameaça o governo.

Em junho-julho, ocorre o 5º Congresso da IC, o qual aprova a "bolchevização dos partidos comunistas" e reafirma a tática da frente única. Em agosto, a fração do PSI favorável à IC se dissolve e entra no PCd'I.

1925

Em fevereiro, organiza uma escola do partido por correspondência. No mesmo mês, conhece Tatiana "Tania" Schucht, sua cunhada. Em março, viaja para Moscou para participar da reunião do Comitê Executivo da IC. Em 16 de maio, pronuncia seu único discurso na Câmara dos Deputados, sobre

Em 3 de janeiro, Mussolini pronuncia discurso assumindo a responsabilidade pela crise política e ameaçando a oposição, a qual não reage. Nos meses seguintes, são emitidos decretos e aprovadas leis que levam à rápida fascistização do Estado.

Vida de Gramsci	Eventos históricos
a proibição da maçonaria e das sociedades secretas. Julia e Delio chegam a Roma.	

1926

Participa do 3º Congresso do Partido Comunista e apresenta as teses sobre a situação nacional que redigiu juntamente com Togliatti (Teses de Lyon). É eleito para o Comitê Executivo do PCd'I. Em agosto, Julia, grávida, volta a Moscou com Delio. Em 14 de outubro, envia carta ao Comitê Central (CC) do PC Russo sobre a luta fracional no partido. Embora não se alinhe com a oposição de Trótski, Zinoviev e Kamenev, faz duras críticas aos métodos burocráticos do grupo de Stálin e Bukharin. Na Rússia, Togliatti se opõe ao conteúdo da carta e uma áspera troca de correspondência tem lugar. Redige *Alguns temas da questão meridional*. No início de novembro, é abordado pela polícia em Milão e não consegue participar da reunião do CC que discutiria a questão russa. No dia 8 de novembro, na esteira da onda repressiva decorrente do atentado a Mussolini, é preso pela polícia fascista e conduzido ao cárcere de Regina Coeli. No dia 18, é condenado ao confinamento por cinco anos.

Em 31 de outubro, um estranho atentado contra a vida de Mussolini ocorre em Bolonha. O suposto autor, um jovem de quinze anos de uma família anarquista, é imediatamente linchado por fascistas. O atentado fornece o pretexto para as leis "fascistíssimas" de novembro, dentre as quais a supressão dos partidos e dos jornais antifascistas e a criação de uma polícia política.

De 1 a 3 de novembro, ocorre uma reunião do CC do PCd'I com a participação de Humbert-Droz, representante da IC, para discutir as lutas internas no partido bolchevique.

Vida de Gramsci

Chega no dia 7 de dezembro à ilha de Ustica.

1927

Em 20 de janeiro, é transferido para o cárcere de San Vittore, em Milão, onde chega após dezenove dias de viagem. Em fevereiro, é autorizado a ler jornais e livros. No dia 19 de março, comunica à cunhada Tatiana seu plano de realizar um estudo *für ewig* [para sempre] sobre alguns temas.

1928

Recebe uma carta do líder comunista Ruggero Grieco, com informações políticas. O promotor lhe convence de que a carta mostra que "tem amigos que querem prejudicá-lo". A carta estimula sua desconfiança contra o grupo dirigente do PCd'I e, particularmente, Togliatti. No dia 11 de maio, é conduzido a julgamento em Roma. No dia 4 de junho, o Tribunal Especial o condena a vinte anos, quatro meses e cinco dias de reclusão. Em 19 de julho, chega à Casa Penal Especial de Turi, na província de Bari, onde partilha uma cela com cinco outros presos. Em agosto, é transferido para uma cela individual. Em dezembro, sofre uma crise de uricemia.

Eventos históricos

Em dezembro, o 15º Congresso do Partido Comunista da União Soviética, na época chamado Partido Comunista de toda a União (bolchevique), expulsa a Oposição de Esquerda e Trótski é enviado para o exílio em Alma-Ata, no Cazaquistão.

Em fevereiro, o 9º Pleno do Comitê Executivo da IC (CEIC) vota a política do Terceiro Período, caracterizado pelo colapso do capitalismo e pela iminência da revolução mundial. O 6º Congresso da IC, realizado em julho-agosto, ratifica a política do CEIC.

Vida de Gramsci	Eventos históricos

1929

Recebe permissão para escrever e começa a fazer traduções. No dia 8 de fevereiro, começa a redação do *Primeiro caderno*, com um elenco de temas sobre os quais desejava pesquisar e escrever. No dia 25 de março, comunica a Tatiana seu plano de estudos: "Decidi ocupar-me predominantemente e tomar notas sobre estes três assuntos: 1) A história italiana no século XIX, com especial referência à formação e ao desenvolvimento dos grupos intelectuais; 2) A teoria da história e da historiografia; 3) O americanismo e o fordismo".

Em julho, o 10º Pleno do CEIC aprova resolução segundo a qual em "países nos quais há partidos social-democratas fortes, o fascismo assume a forma particular de social-fascismo". Decide-se pelo afastamento de Nicolai Bukharin e Jules Humbert-Droz da direção da IC. Na reunião o PCd'I, é acusado de ter agido de modo benevolente com a "oposição de direita", representada por Angelo Tasca. Palmiro Togliatti e Ruggero Grieco se alinham no Pleno à maioria stalinista. Reunido em agosto, o secretariado político do PCd'I realiza a autocrítica exigida e adota as teses da IC sobre o social-fascismo. Na reunião do CC de setembro, é abandonada a palavra de ordem da Assembleia Republicana e Tasca é expulso do partido.

Em outubro, ocorre o colapso da bolsa de valores de Nova York e tem início a Grande Depressão econômica mundial.

1930

Em junho, recebe a visita do irmão Gennaro, enviado pela direção do PCd'I para informá--lo a respeito da expulsão de Leonetti, Tresso e Ravazzoli, acusados de trotskistas, e saber sua opinião a respeito. Em agosto, pede que o irmão Carlo solicite permissão para que possa ler alguns livros de Trótski, mas sua carta é apreendida pelo diretor da prisão. Em

Em março, o CC do PCd'I expulsa Amadeo Bordiga, acusado de trotskismo. Em 9 de junho, Alfonso Leonetti, Pietro Tresso e Paolo Ravazzoli também são expulsos do partido sob a mesma acusação.

Em 3 de outubro, tem início a chamada Revolução de 1930, no Brasil.

Vida de Gramsci	Eventos históricos
novembro, inicia discussões com seus colegas de prisão e manifesta discordância com a nova linha política do PCd'I, o qual havia abandonado a política da frente única. Nesse contexto, passa a defender a convocação de uma Assembleia Constituinte. Nessas discussões, enfrenta forte oposição dos presos alinhados com a direção do partido. Em novembro, escreve rapidamente a respeito dos "movimentos militares--populares na Argentina, no Brasil, Peru e México", uma das poucas referências ao Brasil nos *Cadernos do cárcere*.	

1931

Em 3 de agosto, tem uma grave crise de saúde. Em outubro, envia petição ao governo solicitando permissão para continuar a receber e ler algumas revistas. Em dezembro, a petição é parcialmente aceita.	Em abril, é realizado, na Alemanha, o 4º Congresso do PCd'I, o qual consolida a nova política, alinhada com o giro esquerdista da IC e a política do social--fascismo.

1932

É projetada uma troca de prisioneiros entre a Itália e a União Soviética, a qual permitiria sua libertação, mas o plano não prospera. Em 15 de setembro, Tatiana encaminha petição ao governo para que Gramsci receba a visita de um	Em 7 de julho, Antonio de Oliveira Salazar torna-se presidente do Conselho de Ministros no Estado Novo ditatorial, em Portugal.

Vida de Gramsci	Eventos históricos

médico de confiança a fim de avaliar sua situação. Em outubro, é visitado por um médico do sistema prisional. Em novembro, sua pena é reduzida para dezesseis meses. Piero Sraffa tenta conseguir a liberdade condicional para Gramsci, mas o governo insiste que o prisioneiro peça clemência. No dia 30 de dezembro, morre a mãe de Gramsci, mas a notícia só lhe será transmitida pela família meses depois.

1933

Em fevereiro, o governo concede que seja visitado por um médico de sua confiança. Em 7 de março, tem uma nova crise de saúde. Passa a ser cuidado pelo comunista Gustavo Trombetti e por outro operário preso. É revogada momentaneamente a permissão para escrever. No dia 20 de março, recebe a visita do médico Umberto Arcangeli, que sugere um pedido de clemência, ao qual Gramsci se opõe mais uma vez. Em seu relatório, Arcangeli registra: "Gramsci não poderá sobreviver muito tempo nas condições atuais; considero necessária sua transferência para um hospital civil ou uma clínica, a menos que seja possível conceder-lhe a

Em 30 de janeiro, o Partido Nacional--Socialista dos Trabalhadores Alemães (NSDAP) chega ao poder na Alemanha e Adolf Hitler assume o posto de chanceler.

Em maio, o relatório do doutor Arcangeli é publicado no jornal *L'Humanité*, de Paris, e é constituído um comitê para a liberação de Gramsci e dos prisioneiros do fascismo, do qual fazem parte Romain Rolland e Henri Barbusse.

Vida de Gramsci	Eventos históricos
liberdade condicional". Em julho, pede a Tatiana que intensifique os esforços para conseguir sua transferência para a enfermagem de outra prisão. Em outubro, as autoridades acolhem o pedido de transferência. Em 19 de novembro, é transferido provisoriamente para a enfermaria da prisão de Civitavecchia e, em 7 de dezembro, passa, definitivamente, para a clínica do doutor Giuseppe Cusumano, em Formia. Recebe as visitas do irmão Carlo e de Sraffa. Volta a ler, mas as condições de saúde não lhe permitem escrever.	

1934

Vida de Gramsci	Eventos históricos
Em 25 de outubro, recebe a liberdade condicional.	Em setembro, Romain Rolland publica o folheto *Antonio Gramsci: ceux qui meurent dans les prisons de Mussolini* [Antonio Gramsci: aqueles que morrem nas prisões de Mussolini].

1935

Vida de Gramsci	Eventos históricos
Em junho, sofre nova crise e solicita ser transferido para outra clínica. Em 24 de agosto, transfere-se para a clínica Quisisana, de Roma, onde passa a receber os cuidados de Tatiana. Recebe visitas frequentes do irmão Carlo e de Sraffa.	Realizado entre julho e agosto, o 7º Congresso da IC abandona a política do social-fascismo e passa a defender a constituição de frentes antifascistas. Em 3 de outubro, a Itália invade a Etiópia.

Vida de Gramsci	Eventos históricos
1936	
Retoma a correspondência com a esposa e o filho.	Em 16 de fevereiro, a Frente Popular obtém a maioria eleitoral na Espanha, e Manuel Azaña, da Izquierda Republicana [Esquerda Republicana], assume a presidência do Conselho de Ministros. Em 17 de julho, ocorre uma tentativa de golpe militar contra o governo espanhol; após seu fracasso tem início a Guerra Civil Espanhola. Em maio, o Front populaire [Frente Popular], uma coalizão de partidos de esquerda liderada pelo socialista Léon Blum, vence as eleições na França e assume o governo.
1937	
Em abril, Gramsci adquire a liberdade plena e planeja voltar à Sardenha para se recuperar. Em 25 de abril, sofre uma hemorragia cerebral e morre no dia 27. Suas cinzas são transferidas no ano seguinte para o Cemitério Acatólico para Cidadãos Estrangeiros de Testaccio, em Roma.	Em 8 de março, a Lutwaffe, apoiando os monarquistas liderados por Francisco Franco, bombardeia a cidade de Guernica, na Espanha. No dia 9 de junho, são assassinados na França os antifascistas italiano Nello e Carlo Rosseli. Em 6 de novembro, a Itália passa a fazer parte do Pacto Anticomintern, ao lado da Alemanha e do Japão.

Charge de Laerte Coutinho originalmente publicada na
Folha de S.Paulo em 31 de março de 2020.

Publicado em junho de 2020, este livro foi finalizado no momento em que a ONU aponta o Brasil – quarto país com maior número de casos de coronavírus no mundo, segundo a OMS – como um epicentro da pandemia de covid-19 e considera a situação dos indígenas especialmente preocupante. Dois meses após o presidente da República declarar que a doença era uma "gripezinha" e as medidas de isolamento social não passavam de "histeria", o número de infectados ultrapassa a marca de um milhão. Composto em Minion Pro, corpo 12/17, este livro foi reimpresso em papel Pólen Natural 80 g/m² pela gráfica Rettec, para a Boitempo, em abril de 2023, com tiragem de 2 mil exemplares.

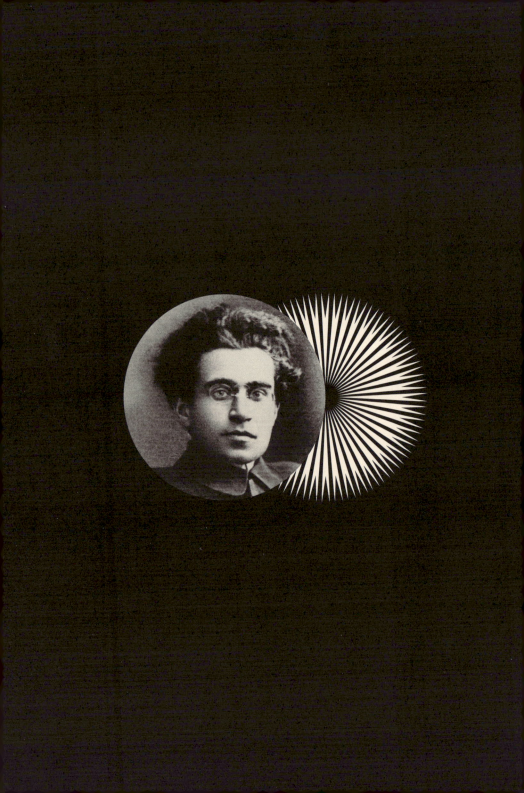